Einfach klasse in Deutsch

7. Klasse

Wissen • Üben • Testen

Dudenverlag
Mannheim • Leipzig • Wien • Zürich

Bildnachweis:
Australian Tourist Commission, ATC, Frankfurt am Main: S. 13
Bibliographisches Institut & F. A. Brockhaus, Mannheim: S. 14, S. 17
Köln Tourismus Office / R. Barten, Köln: S. 37
Dr. R. König, Kiel: S. 7

Bibliografische Information der Deutschen Nationalbibliothek
Die Deutsche Nationalbibliothek verzeichnet diese Publikation in der Deutschen Nationalbibliografie; detaillierte bibliografische Daten sind im Internet über http://dnb.ddb.de abrufbar.

Nach den ab 1.8.2006 gültigen Rechtschreibregeln.

Redaktionelle Leitung Martin Bergmann
Redaktion Martin Bredol, Annika Renker, Christine Schlitt
Autoren Annegret Ising, Hans-Jörg Richter

Herstellung Annette Scheerer
Layout Horst Bachmann
Illustration Carmen Strzelecki
Umschlaggestaltung Sven Rauska
Umschlagabbildung Avenue Images / Veer Fancy

Satz Katrin Kleinschrot, Stuttgart
Druck und Bindung Offizin Andersen Nexö Leipzig GmbH
Printed in Germany

ISBN: 978-3-411-72251-8

Inhaltsverzeichnis

INHALT

1 Beschreiben und Darstellen

1.1 Grundlagen

Beschreiben bedeutet, sachlich und wirklichkeitsnah zu informieren über ■ Personen, ■ Gegenstände, ■ Bilder oder ■ Vorgänge.	 Einbrecher, Schauspieler, Freundin Skateboard, MP3-Player Fotografie, Gemälde Bastelanleitung, Experiment, Kochrezept
Beschreibungen sind in einer sachlichen, anschaulichen und klaren **Sprache** geschrieben. Man gibt genaue Angaben: ■ Größe, Alter, Körperbau, Einzelheiten von Gesicht/Kleidung bei Personen,	Ich sehe einen Mann, der etwa 65 Jahre alt ist. Er ist rund 1,80 Meter groß und kräftig gebaut. Sein Gesicht ist sehr kantig und weist viele Falten auf. Sein Haar ist grau und kurz geschnitten. Er trägt eine blaue Jeans und ein rot kariertes Hemd.
■ Farben, Formen, Größe von Gegenständen,	Ich sehe ein Handy, das etwa acht Zentimeter groß ist. Es ist rechteckig und hat runde Tasten. Die Grundfarbe ist Silber, die Tasten sind beleuchtet.
■ Teilhandlungen, Handgriffe usw. bei Vorgängen.	Zunächst werden die Zutaten in die Schüssel gegeben und dann langsam verrührt.
Die Beschreibung enthält keine Deutungen und Wertungen. Das Tempus der Beschreibung ist das **Präsens.**	
Verwendete **Fachbegriffe** müssen erklärt werden, wenn davon auszugehen ist, dass der Adressat sie nicht versteht.	Das Display, **das ist der kleine Bildschirm des Handys,** hat einen blauen Rahmen.
Die einzelnen Aussagen stehen in einer **sinnvollen Reihenfolge.** Die Darstellung kann erfolgen: ■ vom Allgemeinen zu den Einzelheiten, ■ von rechts nach links, von oben nach unten, vom Vordergrund zum Hintergrund, ■ in chronologischer Reihenfolge.	Auf der Abbildung sieht man drei Gegenstände auf einem Tisch. Im Vordergrund liegt ein Buch mit einem grünen Einband. Links daneben liegt eine Brille aus braunem Horn mit dicken Gläsern. Im Hintergrund steht eine große, weiße Blumenvase mit einem roten Rosenstrauß.

ÜBUNG 1 **Benenne zunächst das auffälligste Merkmal der abgebildeten Gegenstände und Personen und danach drei weitere weniger auffällige Merkmale.**

	Bild 1	Bild 2	Bild 3
auffälligstes Merkmal			
weitere Merkmale			

ÜBUNG 2 **Formuliere sachlicher oder genauer.**

1. Der alte Mann ist unheimlich dick!
2. Der Junge trägt gammelige Kleidung und sieht schmuddelig aus.
3. Die ältere Dame sieht in ihrem Ballkleid aus wie eine Wurst in der Pelle.
4. Das Haus hat irgendwie komische Fenster.
5. Das Auto sieht irgendwie wie ein Zebra aus.

ÜBUNG 3 **Beschreibe die Zubereitung von Spaghetti Bolognese. Benutze dazu dein zusätzliches Übungsheft. Die Angaben im Wortspeicher helfen dir weiter.**

eine große Zwiebel schälen und klein hacken – etwas Öl oder Bratenfett erhitzen – Zwiebel anbraten – etwa 300 Gramm Hackfleisch zugeben und anbraten – eine Dose passierte Tomaten und etwa 50 Gramm Tomatenmark zugeben und unter Rühren erhitzen – mit Knoblauch, Salz, Pfeffer würzen – in einem großen Topf reichlich Wasser zum Kochen bringen – Wasser leicht salzen und einen Löffel Öl zugeben – Spaghetti etwa 10 Minuten kochen – Spaghetti abschütten – auf den Teller geben – Bolognesesoße über die Nudeln geben – nach Geschmack mit Parmesankäse bestreuen

ÜBUNG 4 **Schau dir das Bild gut an und beantworte die Fragen in deinem Übungsheft.**

1. Um was für eine Art Bild handelt es sich?
2. Was siehst du im Vordergrund, was in der Mitte, was im Hintergrund?
3. Welche Stimmung vermittelt das Bild? Wodurch wird die Stimmung getrübt?

ÜBUNG 5 **Schreibe jetzt eine ausführliche Bildbeschreibung in dein Übungsheft.**

ÜBUNG 6 **Max hat seine Regenjacke verloren und hängt einen Suchzettel auf, aber seine Beschreibung enthält ungenaue und unsachliche Informationen in einer wenig sinnvollen Reihenfolge. Schreibe eine verbesserte Beschreibung in dein Übungsheft.**

Ich habe meine Regenjacke – Größe M – irgendwie beim Sportunterricht verloren. Letzte Woche hatte es ja morgens mal kräftig geregnet und da habe ich die Regenjacke angezogen, weil es mittags schon wieder trocken war, muss ich die Jacke wohl hängen gelassen haben. Donnerstags haben wir in der fünften und sechsten Stunde ja immer Sport und da waren wir in der Umkleidekabine mit den roten Bänken, ich glaube, das ist Nummer 4. Meine Regenjacke ist wirklich total cool, sie ist fast ganz dunkelblau, aber der eine Ärmel ist grün und der andere lila, außerdem hat sie auf dem Rücken noch einen großen weißen Aufdruck „SV 98 – Die Lilien". Die Jacke war wirklich voll teuer und ich kriege echt Ärger, wenn ich die nicht wiederbekomme. Also, wer kann mir helfen? Max, Klasse 7 c

1.2 Zusammenhänge erklären

Während bei der Beschreibung im Wesentlichen nur das dargestellt wird, was zu sehen ist, geht es beim **Erklären** darum, logische Zusammenhänge in einer sachlichen Sprache darzustellen.	Bedingungen und Gründe für eine Handlung, Sinn, Zweck und Ziel einer Handlung, Folgen einer Handlung, Art und Weise einer Handlung
Logische Zusammenhänge lassen sich auf unterschiedliche Weisen darstellen, zum Beispiel durch:	
■ **Attribute,**	**Gut gekühlte** Schlagsahne lässt sich besser verarbeiten.
■ **adverbiale Bestimmungen** oder	**Durch eine gute Kühlung** lässt sich Schlagsahne besser verarbeiten. **Zur besseren Verarbeitung der Schlagsahne** sollte sie gut gekühlt werden.
■ **Satzgefüge aus Hauptsatz und Adverbialsatz** (↑Kap. 6.3).	**Wenn die Schlagsahne gut gekühlt ist,** lässt sie sich besser verarbeiten. Schlagsahne sollte gut gekühlt sein, **damit man sie besser verarbeiten kann.**
Das Ziel bzw. der Zweck einer Handlung wird häufig mit **Infinitivsätzen** ausgedrückt (↑Kap. 6.3, 7.3 und 7.4).	**Um Schlagsahne besser verarbeiten zu können,** sollte man sie vorher gut gekühlt haben. Man sollte Schlagsahne grundsätzlich gut kühlen, **um sie besser verarbeiten zu können.**
Auch durch **Satzreihen,** in denen der zweite Hauptsatz mit einem Adverb eingeleitet wird, können diese logischen Verknüpfungen dargestellt werden.	Die Schlagsahne ist vorher gut gekühlt worden, **dadurch** lässt sie sich besser weiterverarbeiten. Schließlich wird die Schlagsahne steif geschlagen, **dazu** sollte man sie vorher gut gekühlt haben.
Durch **Nominalisierungen** können Zusammenhänge häufig sehr prägnant formuliert werden. Da der Nominalstil jedoch oft schwierig zu verstehen ist und etwas hölzern wirkt, sollte man ihn sparsam einsetzen.	Eine gute vorhergehende **Kühlung** ist die Voraussetzung für eine Erfolg versprechende **Weiterverarbeitung** der Schlagsahne.

ÜBUNG 7 **Ersetze die folgenden Satzreihen durch Satzgefüge.**

1. Frau Sommer ernährt sich streng gesundheitsbewusst, dadurch, so hofft sie, kann sie hundert Jahre alt werden.

   Frau Sommer hofft darauf, hundert Jahre alt werden zu können, indem sie sich streng gesundheitsbewusst ernährt.

2. Sie ist immer früh auf dem Biomarkt, deshalb bekommt sie frischeste Ware.

3. Sie isst wenig Fleisch, denn sie muss auf ihre Cholesterinwerte achten.

4. Ihr Arzt hat ihr empfohlen, Vitamine zu sich zu nehmen, darum isst sie frisches Obst und Gemüse.

5. Sie kennt die besten Biorezepte, denn sie liest mehrere Fachzeitschriften.

WISSEN +

Logische Verknüpfungen
Satzreihen oder Satzgefüge kann man mit Konjunktionen oder Adverbien logisch verknüpfen.

- Bedingungen gibt man durch eine **konditionale Verknüpfung** (wenn, falls) an.

  Wenn das Wetter heiß ist, ist das Freibad überfüllt.

- Wenn man den Grund hervorheben möchte, wählt man eine **kausale Verknüpfung** (weil, da, denn, wegen).

  Da das Wetter heiß ist, ist das Freibad überfüllt.
  Das Freibad ist überfüllt, **weil** das Wetter so heiß ist.

- Den gleichen Zusammenhang kann man aber auch durch eine **konsekutive (Folge-)Verknüpfung** (sodass, darum) ausdrücken.

  Das Wetter ist sehr heiß, **darum** ist das Freibad überfüllt.
  Das Wetter ist sehr heiß, **sodass** das Freibad überfüllt ist.

Üben

ÜBUNG 8 **Bilde zu den Stichwörtern je ein kausales, ein konsekutives und ein konditionales Satzgefüge. Benutze dazu dein Übungsheft.**

Beispiel: unaufmerksamer Autofahrer – Auffahrunfall → Der Autofahrer war unaufmerksam, sodass es zu einem Auffahrunfall kam. Weil der Autofahrer unaufmerksam war, kam es zu einem Auffahrunfall. Wenn der Autofahrer unaufmerksam ist, kommt es zu einem Auffahrunfall.

1. Elfmeterschütze unkonzentriert – Elfmeter verschossen
2. Millionengewinn im Lotto – Kauf einer großen Villa am Stadtrand
3. Leck im Schiffsrumpf – Untergang des Segelboots
4. Wasserschutzpolizei rechtzeitig alarmiert – alle Passagiere gerettet
5. gute Versorgung im Krankenhaus – abends schon wieder zu Hause
6. heftige Regenschauer – Hochwasser
7. fleißiger Schüler – gutes Zeugnis
8. strahlender Sonnenschein – überfülltes Freibad
9. Party geben – Essen vorbereiten
10. Eis und Schnee – Schlittschuh laufen

ÜBUNG 9 **Löse den Nominalstil in den folgenden Sätzen auf und schreibe verständlicher. Benutze dafür dein Übungsheft.**

Beispiel: Das verdorbene Essen war der Grund für ihre Übelkeit. → Da das Essen verdorben war, wurde ihr übel.

1. Durch die gewissenhafte und engagierte Ausübung seines Berufs erfüllten sich die Karrierehoffnungen von Herrn Berger.
2. Die Überquerung der Hauptstraße ist nur bei grünem Ampelsignal gestattet.
3. Eine gewissenhafte Vorbereitung ist Voraussetzung für das Bestehen der Prüfung.
4. Das Vorliegen einer Bescheinigung ist die Bedingung für die Teilnahme am Wettbewerb.
5. Das Vorhandensein eines starken Gegners ist der Grund für die Niederlage im Meisterschaftsspiel.
6. Das Hereinbrechen des großen Hochwassers ist die Folge der globalen Klimaerwärmung.
7. Aufgrund der heftigen Schneefälle kam es am Frankfurter Flughafen zu Verspätungen bei den Starts und Landungen.
8. Vor dem Brennen der Dokumente auf CD ist das Einlegen eines CD-Rohlings erforderlich.
9. Für die Benutzung der Sauna werden 15 Euro pro Monat extra berechnet.
10. Das Betreten der Baustelle ist untersagt.

1.3 Situationen schildern

Im Unterschied zum Bericht wird in einer Schilderung ein **Ereignis oder Erlebnis aus persönlicher Sicht** dargestellt.

Schilderungen vermitteln die herrschende Atmosphäre sowie Stimmungen und Eindrücke der Beteiligten bzw. Zuschauenden. Sie werden eingesetzt in:

- Sachtexten, vor allem in Reportagen (↑Kap. 4.2) (1),
- erzählenden Texten (↑Kap. 3.2) (2).

(1) Der Duft von gebrannten Mandeln liegt in der Luft, die Leuchtreklamen der Fahrgeschäfte zaubern ein fantastisches Licht in die Gassen der Kleinstadt, Kinderaugen glänzen – es ist wieder Kilian-Kirmes.

(2) Ein weißgelber Mond verbreitete frostiges Licht, das lange, scharf gezeichnete Schatten warf. Wie Scherenschnitte, dachte ich, und suchte durch das blattlose Geäst der Platanen den Winterhimmel nach dem Großen Bären ab, aber der Mond ...

Das Wichtigste der Schilderung ist die Darstellung von

- **Sinneseindrücken,**
- **Stimmungen** und
- **Empfindungen.**

Die **Sprache** ist subjektiv und persönlich gefärbt. Besonders bewegende Momente werden anschaulich und detailliert dargestellt und in ihrer Wirkung deutlich hervorgehoben. Dazu benutzt man:

- farbige und ausdrucksstarke Adjektive,
- treffende Verben,
- Sprachbilder und Vergleiche.

Das Sommergewitter
Dunkle Wolken ziehen auf, langsam schieben sie sich vor die Sonne. Über den Platz, der vor wenigen Minuten noch im gleißenden Sonnenlicht gelegen hat, weht jetzt ein kühler Wind. Ich sitze im Straßencafé und warte auf meinen Eiskaffee. Der Wind wird immer kräftiger, er erfasst die Sonnenschirme, die heftig flattern und umzustürzen drohen, Papierservietten fliegen durch die Luft, als wären es Schmetterlinge. Alle Plätze um mich herum sind plötzlich leer. Die ersten Regentropfen prasseln auf den Asphalt, ein ganz eigentümlicher Duft macht sich breit. Die Menschen hasten über den Platz, als ginge es um ihr Leben.

Schilderungen können im Erzähltempus, dem **Präteritum,** oder im Präsens verfasst werden.

Als der heiße Tag am Meer langsam zu Ende ging, zogen sich die meisten Touristen in ihr Hotel zurück. Es wurde ruhiger, nur vereinzelt war noch das Geschrei von Kindern zu hören.

Das **Präsens** wirkt direkter und unmittelbarer und entspricht daher eher der Zielsetzung einer Schilderung.

Als ein heißer Tag am Meer langsam zu Ende geht, ziehen sich die meisten Touristen in ihr Hotel zurück. Es wird ruhiger, nur vereinzelt ist noch das Geschrei von Kindern zu hören.

ÜBUNG 10 **Stell dir vor, du bist ... Was kannst du alles sehen, hören, riechen, fühlen oder schmecken?**

... auf einer Kirmes.

... auf dem Bauernhof.

... auf einer Bergwanderung.

... im Freizeitpark.

ÜBUNG 11 **Sortiere die folgenden Sinneseindrücke. Welche vermitteln eine positive, welche eine negative Stimmung? Unterstreiche mit Grün (positiv) oder Rot (negativ).**

der Duft von frisch gebackenen Waffeln – das Kreischen von Kindern – das Heulen eines Wolfes – ein leise rauschendes Meer – das Quietschen von Autoreifen – ein eisig kalter Wind – das leise Säuseln des Windes – das Lachen eines Kindes – ein mit schwarzen Wolken verhangener Himmel – das Knallen einer Wohnungstür – das Schnurren einer Katze – ein leise knisternder Kamin

ÜBUNG 12 **Ordne den jeweiligen Stimmungen ein geeignetes Sprachbild bzw. einen geeigneten Vergleich zu. Schreibe die Lösung in dein Übungsheft.**

1. erschöpft sein
2. sich wohl fühlen
3. beleidigt sein
4. sich unsicher sein
5. gerührt sein

A. in der Luft hängen
B. sich auf den Schlips getreten fühlen
C. sich wie gerädert fühlen
D. sich wie ein Fisch im Wasser fühlen
E. einen Kloß im Hals haben

ÜBEN

ÜBUNG 13 Du kommst von einem anstrengenden Schultag nach Hause, es gibt deine Leibspeise. Was kannst du alles ...?

... sehen:

... hören:

... riechen:

... fühlen:

... schmecken:

ÜBUNG 14 Beschreibe jetzt die Zeit vom Öffnen der Wohnungstür bis zum ersten Bissen möglichst anschaulich. Benutze dein Übungsheft.

ÜBUNG 15 Schildere die dargestellte Szene möglichst anschaulich, gehe auch auf die Stimmungen und Empfindungen der Personen ein. Schreibe in dein Übungsheft.

1.4 Personen und Figuren darstellen

Die **Darstellung von historischen Personen** geht über die reine Personenbeschreibung hinaus.

Auf der Grundlage von wesentlichen Daten der Lebensgeschichte entfaltet eine Biografie ein **Persönlichkeitsbild** einer solchen Person.

Konrad Duden,
* 3. Januar 1829,
† 1. August 1911;
deutscher Sprachforscher, Wegbereiter der deutschen Einheitsrechtschreibung; Namensgeber der Duden-Nachschlagewerke

Bemerkenswerte **Einzelheiten zur Lebensgeschichte** der Person werden in anschaulicher Form präsentiert, z. B.:

- ihre besonderen Lebensumstände (1),
- ihre Eigenheiten, Stärken und Schwächen, die Motivation für ihr Tun (2),
- ihre besondere Lebensleistung (3).

(1) Duden ist ein mittelmäßiger Schüler; ihm wird empfohlen, „nicht nur sein Wissen in deutscher Literaturgeschichte, sondern auch in deutscher Grammatik zu verbessern“.
(2) Duden lehrt als Hauslehrer in unterschiedlichen Teilen Deutschlands.
(3) Die uneinheitlichen Rechtschreibregeln sind ihm ein „unerquicklicher und namentlich für die zum Lehren Berufenen unbefriedigender Übergangszustand“.

Die biografischen Fakten werden mithilfe von **Anekdoten** (↑ Kap. 3.1) auf anschauliche und unterhaltsame Weise vermittelt.

Ob und inwieweit sich die beschriebenen Ereignisse wirklich so zugetragen haben, wie sie erzählt werden, ist eher nebensächlich.

Streit mit seinen Lehrern;
Missverständnisse durch nicht übereinstimmende Rechtschreibung, z. B. in Westfalen und Hessen;
Auseinandersetzungen mit anderen Gelehrten um die richtige Rechtschreibung;
Probleme beim Schreiben des Buches

Auch in erzählenden Texten werden die wesentlichen Informationen über den **Charakter** einer Figur eher indirekt vermittelt durch Aussagen über:

- ihr Lebensumfeld,
- ihre Kleidung,
- ihr Verhalten und ihren Umgang mit anderen Menschen (↑ Kap. 3.2).

„Endlich nach einigen Bemühungen, atmete und nieste Oliver und kündigte dann den Bewohnern des Armenhauses durch lautes Schreien die Ankunft einer neuen Bürde für die Gemeinde an. ... Als Oliver diese erste Probe der einwandfreien Tätigkeit seiner Lungen ablegte, raschelte die aus vielerlei Flicken zusammengesetzte Decke, ...“
Charles Dickens, Oliver Twist

ÜBUNG 16 **Welche Charaktereigenschaften erkennst du?**

1. Vera spielt gerne Volleyball, sie will immer gewinnen. Auch in der Schule ärgert sie sich über jede Drei, sie will immer die Beste sein.

   Vera ist ______________________________ !

2. Benedikt hat eine große CD-Sammlung. Wenn andere Fußball spielen, hört er lieber Musik. Er nimmt Gitarrenunterricht und spielt in einer Band.

   Benedikt ist sehr ______________________________ !

3. Hannah trägt immer nur die beste Kleidung, sie achtet genau darauf, dass ihre Kleidungsstücke farblich gut aufeinander abgestimmt sind. Wenn sie zu einer Party geht, verbringt sie vorher Stunden vor dem Spiegel.

   Hannah ist sehr ______________________________ !

ÜBUNG 17 **Durch welche Verhaltensweisen wird die jeweilige Charaktereigenschaft deutlich?**

André ist sehr egoistisch, er ______________________________

____

Maike ist sehr fürsorglich ______________________________

____

Frederic ist ein Angeber ______________________________

____

ÜBUNG 18 **Ordne den Charaktereigenschaften ein geeignetes Sprachbild zu. Verbinde die entsprechenden Felder mit Linien.**

1. sich schnell aufregen	A. mit den Wölfen heulen
2. selbstständig sein	B. den wilden Mann spielen
3. sich nichts gefallen lassen	C. leicht in die Luft gehen
4. unbeherrscht sein	D. auf eigenen Füßen stehen
5. sich der Mehrheitsmeinung anschließen	E. sich nicht die Butter vom Brot nehmen lassen

ÜBUNG 19 **Weise den Abbildungen eine der folgenden Personencharakteristiken zu.**

1

2

3

a) Er hat schon mehrere Praktika im Ausland hinter sich. Demnächst wird er wahrscheinlich eine Lehre als biologischer Assistent machen. In den nächsten Ferien fährt er als Betreuer einer Jugendgruppe mit nach Griechenland. Seine Eltern haben ihm schon früh viele Freiheiten gelassen.

b) Er ist sehr zielstrebig. Auf sein Äußeres legt er viel Wert. Er trägt nur Markenkleidung. Zum Geburtstag lässt er sich am liebsten Geld schenken. Sein Vater ist Beamter im Ministerium. Am liebsten trinkt er Cocktails.

c) Er kommt aus einem sehr fürsorglichen Elternhaus. Er darf nur einmal in der Woche ausgehen. Wenn er abends zu spät nach Hause kommt, schimpft seine Mama. Seine Oma strickt ihm gerne mal einen Pullover. Demnächst bekommt er eine Zahnspange.

ÜBUNG 20 **Welche Aussage stammt von welcher Figur? Schreibe die Lösungen in dein Übungsheft.**

a) Im letzten Urlaub habe ich immer am Strand geschlafen.
b) Wenn ich mal viel Geld verdiene, kaufe ich mir einen Porsche.
c) Darf ich Ihnen meinen Platz anbieten?
d) Wie, du hast noch kein Fotohandy?
e) Nach meiner Lehre mache ich erst einmal ein soziales Jahr.
f) Morgen fahre ich mit meinen Geschwistern zu meiner Oma.
g) Warst du schon in der Bar, die am Schlossplatz neu eröffnet hat?
h) Am liebsten sehe ich abends fern.
i) Ich möchte mich später beruflich im Umweltschutz engagieren.

ÜBUNG 21 **Konrad Duden, der in seiner Schulzeit nur mittelmäßige Leistungen in Deutsch hatte, trifft als bekannter Sprachforscher auf seinen ehemaligen Deutschlehrer. Schreibe eine kleine Geschichte. Sammle zunächst einige Ideen. Benutze dein Übungsheft.**

Check-up Beschreiben und Darstellen

75 Minuten

AUFGABE 1 **Beschreibe, wie man bei einem Füllfederhalter die Tintenpatrone wechselt.**

a) Bringe zunächst die Abbildungen in die richtige Reihenfolge. Notiere den Vorgang dann in Stichwörtern.

b) Schreibe den ausführlichen Text in dein zusätzliches Übungsheft.

AUFGABE 2 **Schildere die Situation möglichst anschaulich. Stelle dabei die Stimmung und die Empfindungen des Drachenfliegers detailliert dar.**

a) Notiere zunächst deine Ideen in Stichwörtern.

b) Schreibe den ausführlichen Text in dein zusätzliches Übungsheft.

AUFGABE 3 **Verarbeite die folgenden Daten zu einer kurzen Darstellung des Lebens (biografische Skizze) von Michael Ende. Greife eine Situation heraus, die du besonders detailliert erzählst.**

*1929 in Garmisch-Partenkirchen – schrieb schon mit 14 erste Gedichte und kleine Erzählungen – Besuch einer Schauspielschule – Ausweitung seiner schriftstellerischen Tätigkeit: Theaterstücke, Hörspiele – 1960: schriftstellerischer Durchbruch mit „Jim Knopf und Lukas der Lokomotivführer"/Manuskript war vorher von mehreren Verlagen abgelehnt worden – 1961: Deutscher Jugendbuchpreis für „Jim Knopf" – Verfilmung mit der Augsburger Puppenkiste – 1972: „Momo" – 1979: „Die unendliche Geschichte" – weltweit bekannter Autor – zahlreiche Romane in fast 40 Sprachen übersetzt – viele auch verfilmt – zahlreiche Auszeichnungen und Preise – †1995 in Stuttgart

a) Notiere zunächst deine Ideen in Stichworten.

b) Bringe die einzelnen Ideen in eine sinnvolle Reihenfolge. Schreibe den ausführlichen Text in dein Übungsheft.

Erörtern

2.1 Argumente sammeln und formulieren

Die **Erörterung** ist die schriftliche Form der gedanklichen Auseinandersetzung ■ mit einem Thema **(freie Erörterung)** oder ■ einem Text **(textgebundene Erörterung).**	Mögliche Aufgabenstellung: Warum ist es sinnvoll, sich in der Schülervertretung zu engagieren? Mögliche Aufgabenstellung: Analysiere den folgenden Text und erörtere auf seiner Grundlage, ob in Schulen ein generelles Rauchverbot gelten sollte.
In der Erörterung geht es darum, die eigene Meinung durch Argumente gut zu begründen. Gute **Argumente** sind: ■ Aussagen von anerkannten Expertinnen und Experten, ■ allgemein anerkannte Regeln und Normen, ■ eindeutig belegte Tatsachen, ■ Ergebnisse von statistischen Untersuchungen, ■ eigene Beobachtungen und Erfahrungen sowie Aussagen von Betroffenen.	Prof. Heinz Beyer: „Zu einer aktiven Gesundheitserziehung gehört, dass wir das Rauchen ächten, Zigaretten haben in Schulen nichts zu suchen." Rauchen schadet der Gesundheit! Auch das Passivrauchen kann gesundheitliche Schäden verursachen. Viele Kinder – das hat eine Studie ergeben – beginnen mit dem Konsum von Zigaretten im Alter von 12 bis 14 Jahren. Die vielen Kippen, die in der Raucherecke herumliegen, finde ich eklig.
Das Verfassen einer guten Erörterung setzt daher eine gründliche gedankliche **Auseinandersetzung mit dem Thema** voraus. Dabei können zusätzliche Informationen hilfreich sein: ■ Recherche in Fachbüchern, Zeitungen, ■ Befragung von Experten, Betroffenen.	„Brockhaus Gesundheit" Hausarzt, Suchtberater
Die **textgebundene Erörterung** setzt darüber hinaus eine gründliche Analyse der Textvorlage und die kritische Überprüfung der dort angeführten Meinungen, Beispiele und Argumente voraus.	

ÜBUNG 1 **Informiere dich über die Schülervertretung (SV) und kreuze dann jeweils die richtige Lösung an.**

1. Was ist ihre Aufgabe?

- ☐ a) Sie organisiert Partys.
- ☐ b) Sie vertritt die Interessen der Schülerinnen und Schüler und fördert diese.
- ☐ c) Sie organisiert den Hof- und Klassendienst.

2. Wie wird sie bestimmt?

- ☐ a) Die Klassensprecher/-innen wählen den Schülerrat, dieser wählt aus seiner Mitte den/die Schülersprecher/-in.
- ☐ b) Der oder die Schulbeste ist automatisch Schülersprecher/-in.
- ☐ c) Der Schulleiter bestimmt den Schülersprecher, der sich ein Team zusammenstellt.

3. Kann die SV an Schulen überhaupt mitbestimmen?

- ☐ a) Nein, sie darf nur Partys, Schulfeste und Sportveranstaltungen organisieren.
- ☐ b) Sie darf, wenn der Schulleiter zustimmt, auch eigene Vorschläge zur Unterrichtsgestaltung einbringen.
- ☐ c) Sie entsendet mehrere stimmberechtigte Vertreterinnen und Vertreter in die Schulkonferenz, die über alle wichtigen Fragen der Schule entscheidet.

ÜBUNG 2 **Sortiere in Pro- und Kontra-Argumente zum Thema „Rechtschreibreform“.**

	Pro	Kontra
1. Die Rechtschreibreform macht alles viel komplizierter.	☐	☐
2. Viele Dinge werden durch die neuen Regeln einfacher.	☐	☐
3. Was einhundert Jahre gut war, kann doch nicht plötzlich schlecht sein.	☐	☐
4. Sprache ist lebendig, sie verändert sich stetig, daher sollte man auch von Zeit zu Zeit die Regeln der Rechtschreibung überarbeiten.	☐	☐
5. Auch wir haben die schwierigen Rechtschreibregeln lernen müssen.	☐	☐
6. Die Schülerinnen und Schüler haben sich viel schneller an die neuen Regeln gewöhnt als viele Politiker.	☐	☐

ÜBUNG 3 **Bei deiner Recherche in verschiedenen Lexika hast du folgende Einträge gefunden. Formuliere daraus drei Argumente für ein generelles Rauchverbot an Schulen. Benutze dein zusätzliches Übungsheft.**

Nikotin, nach dem französischen Diplomaten J. Nicot (*1530, †1600) benannte farblose, in Wasser leicht lösliche Flüssigkeit, die sich in Form von Salzen in den Samen und Blättern des Tabaks findet. Nikotin ist ein starkes Gift, wirkt in kleinen Mengen anregend, in größeren lähmend auf Gehirn, Atmung, Verdauung, Herztätigkeit.

Nikotinvergiftung, akut nach ungewohntem oder übermäßigem Tabakgenuss, mit Übelkeit, Erbrechen, Kopfschmerzen, Schwindel, Herzklopfen; chronische N. bei jahrelangem starkem Rauchen, mit Schlafstörungen, Magenerkrankungen, allg. starker Reizbarkeit, Sehstörungen; außerdem Durchblutungsstörungen (Herz, Beine).

ÜBUNG 4 **Formuliere die folgenden Sätze um.**

1. Sonnenschein macht gute Laune!

   Als Satz eines Experten:

   Sonnenstrahlen haben einen außergewöhnlich positiven Einfluss auf die Stimmung des Menschen.

2. Ist der Mai kühl und nass, füllt's dem Bauern Scheuer und Fass.

   Als Aussage eines Agrarwissenschaftlers:

3. Die Analyse der meteorologischen Untersuchungsparameter erlaubt es, für die nächsten 24 Stunden eine positive Entwicklung zu prognostizieren.

   Als Aussage eines Schülers, der für den nächsten Tag eine Radtour plant:

4. In einem gesunden Körper wohnt ein gesunder Geist.

   Als Ergebnis einer wissenschaftlichen Studie:

2.2 Erörterungen wirkungsvoll gestalten

In der so genannten **linearen oder steigernden Erörterung** wird ein Thema nur aus einer Perspektive betrachtet.	
Bei einer linearen Erörterung benutzt man folgendes **Gliederungsschema:** ■ In der **Einleitung** wird kurz zum Thema hingeführt, die Aktualität bzw. Problematik des Themas wird herausgestellt. ■ Der **Hauptteil** beginnt mit der Formulierung der eigenen Meinung (These) zur Fragestellung. ■ Danach werden zur Begründung der These die gesammelten **Argumente** angeführt. Dabei wird das stärkste Argument an das Ende der Argumentation gestellt.	Thema: „Warum ist es sinnvoll, jeden Tag Zeitung zu lesen?" Unsere Gesellschaft entwickelt sich zu einer Informationsgesellschaft. Das bedeutet, dass man viele Aufgaben nur dann erfüllen kann, wenn man über die neuesten Entwicklungen gut informiert ist ... Vor diesem Hintergrund empfehle ich auch Schülerinnen und Schülern die tägliche Lektüre einer Tageszeitung ... Zeitung lesen ... dient der Schulung im Umgang mit Texten/Medien. ... liefert breite Informationsbasis zu Politik, Kultur, Sport, Wirtschaft usw.
Die einzelnen Argumente sollten sprachlich abwechslungsreich miteinander verknüpft werden.	erstens ..., zweitens ..., drittens ... zum einen ..., zum anderen ..., des Weiteren ..., vor allem ... ein wichtiges Argument ist, dass ..., auch zu beachten ist, dass ..., das Wichtigste aber scheint mir, dass ...
Die Überzeugungskraft eines Arguments wird meistens durch die Angabe der Quelle bzw. von prominenten Gewährsleuten gesteigert.	... wie eine internationale Studie zeigt ... ... so Professor Meyer, der schon lange auf diesem Gebiet geforscht hat ... Auch Franz Beckenbauer und Boris Becker sind der Meinung, dass ...
Tipp: Für alle Argumentationen gilt: Entscheidend ist die **Qualität** und nicht die Anzahl **der Argumente.** Auf schwache und anfechtbare Begründungen sollte man daher besser verzichten.	~~Ich lese nicht gerne Zeitung, weil ich durch die Druckerschwärze immer so dreckige Finger bekomme.~~ ~~Ein Mann hat mir mal erzählt, dass er noch nie in seinem Leben eine Zeitung gelesen hat und trotzdem glücklich und zufrieden ist.~~

WISSEN

ÜBUNG 5 **Der Vorschlag, die Sommerferien auf vier Wochen zu beschränken, wird heiß diskutiert. Ordne in deinem Übungsheft die jeweiligen Argumente der richtigen Abbildung zu.**

1

2

3

a) „14 Unterrichtstage, das bedeutet etwa 70 Unterrichtsstunden pro Schuljahr, damit können wir die geplante Schulzeitverkürzung auffangen!“
b) „Warum sollen die Lehrer auch mehr Urlaub haben als wir anderen.“
c) „Eine solche Entscheidung tangiert die Kulturhoheit der Länder, ich warne davor, die Diskussion in diesem hohen Haus weiterzuführen.“
d) „Dann muss ich mich demnächst entscheiden, ob ich einen Ferienjob mache oder in Urlaub fahren kann.“
e) „Die Schulen stehen doch im Sommer sowieso leer, was das alles kostet!“
f) „Die Jugendlichen können sich auch ruhig daran gewöhnen, im Arbeitsleben gibt es auch höchstens dreißig Tage Urlaub.“
g) „Nee, das finde ich doof, ich will weiterhin sechs Wochen Ferien haben.“
h) „Wenn dafür die Oster- und die Herbstferien um eine Woche verlängert werden, das wär doch gar nicht so schlecht.“

ÜBUNG 6 **Ordne mit Linien die aufeinander bezogenen Argumente zu.**

Pro

Wenn viele Menschen zur Versteigerung kommen, kommt bestimmt viel Geld zusammen.

Bis zum Ende des Schuljahres haben wir noch viel Zeit.

Die Auktion wird viele Menschen dazu bewegen, hoch zu bieten.

Ich finde es toll, wenn ich mit meinem Kunstwerk unsere Partnerschule unterstützen kann.

Die Eltern werden sicherlich unsere Arbeiten ersteigern.

Kontra

Was ich im Kunstunterricht gemacht habe, will ich behalten.

Wer sollte sich für unsere Kunstobjekte schon interessieren?

In den zwei Stunden Kunst in der Woche schaffen wir nicht genug.

Wenn viele bieten, gibt es auch viele enttäuschte Bieterinnen und Bieter.

Mit einem Sponsorenlauf können wir mehr Geld zusammenbekommen.

ÜBUNG 7 **Welches ist das beste Argument, welches das zweitbeste, welches das drittbeste? Nummeriere.**

1. Ich bin für einen Campingurlaub, weil

a) meine Oma früher auch immer Campingurlaub gemacht hat.

b) man dabei sehr viel in der freien Natur sein kann.

c) man dabei im Vergleich zu einer Ferienwohnung fünf Euro am Tag sparen kann.

2. Ich möchte mit der Bahn in den Sommerurlaub fahren, weil

a) die Bahn verspricht, dass es viel entspannender ist, als mit dem Auto zu reisen.

b) das viel ökologischer ist, als mit anderen Verkehrsmitteln zu reisen.

c) mein Opa auch so gerne Bahn fährt.

3. Ich möchte in diesem Jahr mal in den Bergen Urlaub machen, weil

a) wir in den letzten Jahren immer an der Nordsee waren.

b) das Wetter in den Bergen immer besser ist als an der Nordsee.

c) ich gerne wandern und die Bergwelt der Alpen erleben möchte.

ÜBUNG 8 **Suche für folgende Thesen jeweils drei Argumente. Stelle das überzeugungsstärkste Argument an den Anfang. Schreibe in dein Übungsheft.**

1. Allen Schülerinnen und Schülern sollte in der Schule ein Internetzugang zur Verfügung stehen.

2. Jede Schülerin und jeder Schüler sollte sich für die Arbeit der Schülervertretung interessieren und sie nach Kräften unterstützen.

3. In jeder Schule sollte es eine Cafeteria geben, in der man sich ein gesundes Frühstück kaufen kann.

2.3 Argumentationen sinnvoll einsetzen

Mit guten Argumentationen kannst du viel erreichen. Du kannst bei **Meinungsverschiedenheiten** oder in **Diskussionen** für deine Meinung werben bzw. sie bei **Abstimmungen** durchsetzen.	Zu Hause: Wahl des nächsten Urlaubsortes, Erlaubnis, zu einer Party zu gehen. In der Klasse: Wahl des Klassensprechers, Auswahl eines Ziels für die Klassenfahrt. Im Schülerrat oder in der Schulkonferenz: Durchführung von Projekttagen, Einrichtung einer Schülerbücherei.
Gute Argumente können dir auch helfen, wenn du dich ungerecht behandelt fühlst **(Beschwerden)** oder wenn etwas, was du gekauft hast, nicht funktioniert **(Reklamationen).**	Herr Meyer, ich bin der Meinung, dass ich mit der Fünf in der Mathearbeit zu schlecht benotet worden bin, weil ich die meisten Ergebnisse richtig habe. Bei einigen Aufgaben habe ich auch den richtigen Rechenweg angegeben, aber Sie haben mir keine Punkte dafür gegeben.
In **Leserbriefen** kannst du dich direkt zu Themen und Problemen äußern, die in deiner Schule oder in deiner Stadt diskutiert werden.	In Ihrer gestrigen Ausgabe berichteten Sie davon, dass die Fußgängerampel an der Hauptstraße zum wiederholten Male defekt ist, auch weitere Ampelanlagen im Stadtgebiet sind mal wieder außer Betrieb, es kann doch nicht sein, dass ...
Bei allen Argumentationen beginnst du am besten damit, dass du den Ausgangspunkt deiner Meinungsäußerung klar formulierst (1). Dann formulierst du deine Meinung (These) (2). Im Hauptteil begründest du deine Meinung mit Argumenten (3). Achte darauf, dass du nicht abschweifst.	(1) In der Werbung für Ihren DVD-Player versprechen Sie, dass dieser alle DVD-Formate lesen und spielen kann. (2) Leider hält der von Ihnen angepriesene DVD-Player nicht das, was Sie in der Werbung versprochen haben. (3) Am Samstag habe ich im Elektromarkt einen DVD-Player aus Ihrem Hause gekauft, doch ich bin enttäuscht, weil ...
Achte auch auf eine **angemessene Sprachebene,** vermeide sowohl umgangssprachliche Ausdrücke (1) als auch eine übertrieben „kluge“ oder arrogante Sprache (2).	(1) Das Gerät ist wirklich ~~Mist~~. *Besser:* nicht in Ordnung. (2) Wenn Sie Ihre Produktion nicht in den Griff bekommen, können Sie sich bei mir melden, vielleicht kann ich Ihnen helfen.

ÜBUNG 9 **Ordne den Thesen die passenden Argumente zu.**

These	Argumente
1. Die erste große Pause sollte auf eine halbe Stunde verlängert werden.	
2. In jedem Schuljahr sollte jede Klasse eine mehrtägige Studienfahrt machen.	
3. Die Schule sollte in den Ferien für Sportangebote geöffnet sein.	

a) Eine Klassenfahrt ist wichtig für eine gute Atmosphäre in der Klasse.
b) Weil viele Vereine in den Ferien geschlossen haben, würden die Schülerinnen und Schüler sich gerne in der Schule sportlich betätigen.
c) Im Pausenladen ist es meistens so voll, dass die Pause nicht ausreicht, um in Ruhe das gekaufte Brötchen zu essen.
d) Wenn man in Deutschland bleibt, ist eine Klassenfahrt nicht so teuer.
e) Für die Aufsicht in der Turnhalle würde ein Lehrer pro Tag genügen.
f) Durch eine ausreichende Entspannung in einer längeren Pause würde die Konzentration in den folgenden Stunden steigen.
g) Der Hausmeister ist den größten Teil der Ferien ohnehin da.
h) Die Schülerinnen und Schüler lernen vor Ort sowieso am besten.
i) Die Klassenlehrerin hat mehr Zeit für die Schülerinnen und Schüler.

ÜBUNG 10 **Formuliere zwei passende Argumente zu den Thesen.**

1. These: Jeder Schüler aus dem fünften Schuljahr sollte einen Paten aus dem siebten Schuljahr haben.

2. These: Pro Woche sollten nicht mehr als zwei Arbeiten geschrieben werden.

3. These: Die älteren Schülerinnen und Schüler sollten für die Schülerinnen und Schüler der Unterstufe eine Hausaufgabenbetreuung anbieten.

ÜBUNG 11 **Die Schülerinnen und Schüler sind erbost, weil sie ihre Klassenräume selbst reinigen sollen. Formuliere die Argumente auf einer angemessenen Sprachebene besser. Benutze dein zusätzliches Übungsheft.**

a) Wir sind doch keine Putzfrauen.
b) Hat die Stadt etwa kein Geld mehr für diese erniedrigenden Arbeiten?
c) Müssen wir demnächst auch noch die Klos putzen?
d) Muss unser Bürgermeister, dieser faule Sack, auch sein Büro schrubben?
e) Die Vertreter im Rat waren wohl geistig umnachtet oder besoffen, als sie diesen Entschluss gefasst haben.

WISSEN +

Schreiben von Briefen
Beachte die formalen Vorgaben:
- Der Briefkopf enthält die genaue Absenderangabe mit Ort und Datum, gegebenenfalls auch Telefonnummer und E-Mail-Adresse.
- Das Thema des Briefes wird in der Betreffzeile kurz genannt.
- Die höflichen Anredepronomen werden großgeschrieben.
- Der Brief schließt mit einer Grußformel und der Unterschrift ab.

Peter Klawuttke 25. Juli 2005
Mühlenstraße 13
47809 Krefeld

Reklamation eines Schreibtischstuhls

Sehr geehrter Herr Winter,

leider müssen wir uns heute über ein Produkt aus Ihrem Haus beschweren ...

Mit freundlichen Grüßen

Peter Klawuttke

ÜBUNG 12 **Du hast einen hochwertigen Schreibtischstuhl gekauft, doch schon zwei Wochen nach Ablauf der Garantiezeit bricht die Rückenlehne ab. Formuliere den Reklamationsbrief, verwende dazu die folgenden Argumente. Schreibe den Brief in deinem Übungsheft.**

die Firma hat einen guten Namen – der Stuhl war teuer – für diesen Preis erwartet man ein langlebiges Produkt – sorgfältiger Umgang mit dem Stuhl – Abbruch der Rückenlehne bei normalem Anlehnen – Garantie ist gerade erst abgelaufen

ÜBUNG 13 **In einem Zeitungsbeitrag wird angekündigt, dass das städtische Freibad im nächsten Jahr aus Kostengründen geschlossen werden soll. Schreibe einen Leserbrief in dein Übungsheft.**

Check-up Erörtern

75 Minuten

AUFGABE 1 **Lies sorgfältig die folgenden Materialien zum Thema „Sollen Eltern und Schüler den Klassenraum renovieren?“.**

Zeitaufwand: etwa 90 Stunden Ausräumen der Klasse – Ablösen der alten Tapete – Abdecken des Fußbodens, Abkleben der Türen/Fenster – Schneiden, Kleistern und Kleben der Raufasertapete – Vorstreichen und Streichen der Wände und der Heizung – Klassenraum putzen und einräumen
Materialkosten: etwa 180 Euro
Raufasertapete – Spezialkleister – Wandfarbe – Abdeckfarbe – Klebeband – Abdeckfolie und -plane – Spachtel, Pinsel, Rolle – Reinigungsmittel

Stichworte aus der Diskussion vom Elternabend

- Mithelfen der Schüler/-innen kann dazu beitragen, dass sie sorgfältiger mit dem Klassenraum umgehen.
- Keine Zeit, viele Termine auch am Wochenende.
- Seh ich nicht ein, ich zahle schließlich Steuern.
- Ich kann das nicht, da sieht die Klasse hinterher schlimmer aus als vorher.
- Wenn wir uns nicht engagieren, bleibt die Klasse ein Dreckloch.
- Stellen Sie sich mal vor, Ihr Arbeitsplatz würde so aussehen.

Stichworte aus der Diskussion in der Klasse

- Ich hab am Freitagnachmittag Training und am Samstag Wettkampf.
- Mir stinkts, diese Klasse sieht einfach eklig aus, ich fühl mich hier überhaupt nicht wohl.
- Ich fänd das toll, wenn wir die Klasse gemeinsam mit unseren Eltern renovieren würden, das fördert bestimmt auch die Klassengemeinschaft.
- Das sehe ich gar nicht ein, ich will lieber ausschlafen.
- Außerdem ist das gar nicht so schlecht, wenn die Klasse so schmuddelig ist, da muss man nicht immer so vorsichtig sein.
- Ich hab die Wände nicht beschmiert, das sollen die machen, die sich immer so danebenbenehmen.

Statement des Malermeisters
„Dass ich von der an sich lobenswerten Initiative der Schülerinnen und Schüler und der Eltern nichts halte, können Sie sich denken. Selbst wenn einige geübte Hobbyhandwerker dabei sind, wird das Ergebnis aller Voraussicht nach nicht so gut sein, als wenn die Renovierungsarbeiten von uns, also vom Fachbetrieb, ausgeführt werden. Außerdem ist es für uns natürlich auch ein wirtschaftliches Problem, wenn uns die öffentlichen Aufträge ausbleiben. Wenn wir aus dem Schulbereich keine Aufträge mehr bekommen, muss ich im nächsten Jahr zwei meiner Angestellten entlassen.“

TESTEN

AUFGABE 2 Werte jetzt die Materialien aus und trage zunächst die Argumente, die für die Renovierung des Klassenraums sprechen, zusammen. Wenn dir noch weitere Argumente einfallen, darfst du sie natürlich auch verwenden.

1.
2.
3.
4.
5.
6.

AUFGABE 3 Trage jetzt die Argumente zusammen, die dagegensprechen.

1.
2.
3.
4.
5.

AUFGABE 4 Formuliere nun deine These und begründe sie kurz.

AUFGABE 5 Ordne die Argumente, die für deine These sprechen, jetzt nach ihrer Überzeugungskraft und formuliere eine steigernde Erörterung, mit der du deine These umfassend begründest. Stelle das deiner Ansicht nach stärkste Argument an das Ende deiner Erörterung. Benutze dazu dein zusätzliches Übungsheft.

AUFGABE 6 Formuliere jetzt einen Schlusssatz, mit dem du deine Argumentation noch einmal auf den Punkt bringst.

AUFGABE 7 **Erörtere das Thema jetzt in Form einer Pro-und-Kontra-Erörterung.**

1. Schreibe einen Einleitungssatz, in dem beide Meinungen kurz skizziert werden.

2. Formuliere jetzt deine These:

   Es gibt zwar gute Argumente dafür, dass

   Ich bin aber dennoch der Meinung, dass

   ,

   weil

3. Stelle deiner Argumentation aus Aufgabe 5 jetzt die Gegenargumentation gegenüber:

4. Formuliere jetzt den Schlusssatz deiner Pro-und-Kontra-Erörterung:

   Nach Abwägung aller Pro- und Kontra-Argumente komme ich zu dem Ergebnis, dass ,

   natürlich gibt es auch gute Gegenargumente, das hat unsere kontroverse, aber jederzeit sachliche und faire Diskussion gezeigt, aber das wichtigste Argument scheint mir nach wie vor zu sein, dass

   .

Umgang mit Texten

3.1 Epische Kleinformen

Die Begriffe ***Epik*** oder ***episch*** bezeichnen erzählende Texte.	Geschichte, Erzählung, Novelle, Roman, Epos
Epische Kleinformen sind erzählende Texte, die nur wenige Seiten umfassen.	Märchen, Fabel, Kalendergeschichte, Anekdote, Kurzgeschichte, Parabel
In **Märchen** geschehen oft wunderbare Dinge. Dabei geht es nicht um die Frage, ob sich das Erzählte wirklich ereignet hat, sondern was damit gemeint ist.	Zauberer, Hexen und Feen treten auf. In vielen Märchen drückt sich die Hoffnung aus, dass das Gute über das Böse siegt, z. B. in Rotkäppchen, Hänsel und Gretel.
In **Fabeln** treten Tiere auf, denen bestimmte menschliche Eigenschaften zugeordnet sind. Fabeln wollen auf unterhaltsame Weise eine Lehre vermitteln.	Der Esel sprach zu Äsop: „Wenn du wieder ein Geschichtchen von mir ausbringst, so lass mich etwas recht Vernünftiges und Sinnreiches sagen." „Dich etwas Sinnreiches?", sagte Äsop, „Wie würde sich das schicken? Würde man nicht sagen, du seist der Sittenlehrer und ich der Esel?"
Kalendergeschichten entstanden im Zusammenhang mit der Entwicklung des gedruckten Kalenders. Sie sind meist heiter und volkstümlich und wollen auch auf unterhaltsame Art belehren.	**Johann Peter Hebel, Das wohlfeile Mittagessen** Es ist ein altes Sprichwort: Wer andern eine Grube gräbt, fällt selber darein. – Aber der Löwenwirt in einem gewissen Städtlein war schon vorher darin. Zu diesem kam ein wohl gekleideter Gast ...
Eine **Anekdote** ist eine kurze Erzählung, in der es häufig um eine geschichtliche Persönlichkeit oder um ein geschichtliches Ereignis geht. In knapper, pointierter Form werden Begebenheiten dargestellt, die die Person oder das Ereignis kennzeichnen.	Ein Kapuziner begleitete einen Schwaben bei sehr regnerischem Wetter zum Galgen. Der Verurteilte klagte unterwegs mehrmals zu Gott, dass er, bei so schlechtem Wetter, einen so sauren Gang tun müsse. Der Kapuziner wollte ihn trösten und sagte: „Du Lump, was klagst du viel, du brauchst doch bloß hinzugehen, ich aber muss, bei diesem Wetter, wieder zurück, denselben Weg."

ÜBUNG 1 **Ordne die Begriffe aus dem Wortspeicher richtig in die Texte ein.**

Arbeit – Bauern – einmal – Es – Erntezeit – Fabel – Feld – Fleischs – gefräßig – Haus – Knochen – Knochen – Märchen – tölpelhaften – schelten – übel gelaunt – Väterchen – war – Wolf – Wolfs

___

Die Mäßigung des ___

„Sie sehen doch, mein Herr, dass ich nicht so ___ bin, wie mich meine Feinde insgeheim darstellen“, sprach ein an der Kette fortgeschleifter ___ zum Jäger, indem er auf einige übrig gelassene ___ zeigte. „Du sollst auch“, antwortete ihm jener, „nicht wegen der ___, sondern wegen des ___ büßen, das du davon gefressen hast.“

___

Vom ___ ___ ___ ___ ___

ein Mann, der war immer ___ und vergrätzt. Einmal in der ___ kam er spät am Abend vom Feld zurück und fing sofort an zu ___ und zu toben. „Ach ___“, sagte die Frau, „morgen wollen wir mal die ___ tauschen: Ich gehe dann mit den Schnittern ins ___ und du besorgst das ___ (...).“

ÜBUNG 2 **Ordne der folgenden Fabel die richtige Lehre zu.**

Der Krebs und die Krähe (russische Fabel)

Die Krähe fliegt überm Meer und schaut: Da kriecht der Krebs. Happ! – hat sie ihn und schleppt ihn auf einen Baum, um gemütlich zu frühstücken. Da spricht der Krebs: „Deine Eltern waren tüchtige Leute.“ „Mhm“, meint die Krähe, ohne den Schnabel zu öffnen. „Na ja, sehr brave Leute – aber dir kommen sie doch nicht gleich. Ich glaube, es ist niemand gescheiter als du!“ „Aha!“, ruft die Krähe aus vollem Halse – da entfällt ihr der Krebs ins Meer.

- [ ] a) Man darf im Leben nie zu brav sein.
- [ ] b) Brave Eltern haben oft auch brave Kinder.
- [ ] c) Eitelkeit und Stolz sind oft Ausdruck großer Dummheit.

ÜBEN

ÜBUNG 3 **Lies den folgenden Text gründlich durch und schlage die darunterstehenden Wörter im Wörterbuch nach.**

Johann Peter Hebel, Das wohlfeile Mittagessen

Es ist ein altes Sprichwort: Wer andern eine Grube gräbt, fällt selber darein. – Aber der Löwenwirt in einem gewissen Städtlein war schon vorher darin. Zu diesem kam ein wohl gekleideter Gast. Kurz und trotzig verlangte er für sein Geld eine gute Fleischsuppe. Hierauf forderte er auch ein Stück Rindfleisch und ein Gemüs für sein Geld. Der Wirt fragte ganz höflich, ob ihm nicht auch ein Glas Wein beliebe? „O freilich ja!", erwiderte der Gast, „wenn ich etwas Gutes haben kann für mein Geld." Nachdem er sich alles hatte wohl schmecken lassen, zog er einen abgeschliffenen Sechser aus der Tasche und sagte: „Hier, Herr Wirt, ist mein Geld." Der Wirt sagte: „Was soll das heißen? Seid Ihr mir nicht einen Taler schuldig?" Der Gast erwiderte: „Ich habe für keinen Taler Speise von Euch verlangt, sondern für mein Geld. Hier ist mein Geld. Mehr hab ich nicht. Habt Ihr mir zu viel dafür gegeben, so ists Eure Schuld." [...]

„Ihr seid ein durchtriebener Schalk", erwiderte der Wirt, „und hättet wohl etwas anderes verdient. Aber ich schenke Euch das Mittagessen und hier noch ein Vierundzwanzigkreuzerstück dazu. Nur seid stille zur Sache und geht zu meinem Nachbarn, dem Bärenwirt, und macht es ihm ebenso!" Das sagte er, weil er mit seinem Nachbarn, dem Bärenwirt, in Unfrieden lebte und einer dem andern jeglichen Tort und Schimpf gerne antat [...].

Aber der schlaue Gast griff lächelnd mit der einen Hand nach dem angebotenen Geld, mit der andern vorsichtig nach der Türe, wünschte dem Wirt einen guten Abend, und sagte: „Bei Eurem Nachbarn, dem Herrn Bärenwirt, bin ich schon gewesen, und eben der hat mich zu Euch geschickt und kein anderer."

So waren im Grunde beide hintergangen, und der Dritte hatte den Nutzen davon. Aber der listige Kunde hätte sich noch obendrein einen schönen Dank von beiden verdient, wenn sie eine gute Lehre daraus gezogen und sich miteinander ausgesöhnt hätten. Denn Frieden ernährt, aber Unfrieden verzehrt.

1. wohlfeil
2. ein abgeschliffener Sechser Münze, Wert:
3. ein Taler Münze, Wert:
4. ein durchtriebener Schalk
5. ein Vierundzwanzigkreuzerstück Münze, Wert:
6. Tort und Schimpf
7. Frieden ernährt, aber Unfrieden verzehrt

ÜBEN

ÜBUNG 4 **Beantworte folgende Fragen zum Text. Schreibe die Antworten in dein Übungsheft.**

1. Wie viel Geld hatte der Gast bei sich?
2. Für wie viel Geld hat er nach Ansicht des Wirts gegessen und getrunken?
3. Warum ist es wichtig, dass der Gast immer „für mein Geld“ sagt?
4. Warum ist es wichtig, dass er nicht sagt, wie viel Geld er hat?

ÜBUNG 5 **Untersuche den Aufbau der Geschichte. Was gehört zur Einleitung, was zum Hauptteil, was zum Schluss?**

Absatz 1 (Zeile 1–2):

Absatz 2 (Zeile 3–12):

Absatz 3 (Zeile 13–18):

Absatz 4 (Zeile 19–22):

Absatz 5 (Zeile 23–26):

ÜBUNG 6 **Beantworte folgende Fragen.**

1. In welchen Absätzen wird der belehrende Charakter der Geschichte besonders deutlich?
2. Warum passt die am Anfang formulierte Lehre „Wer andern eine Grube gräbt, fällt selbst darein“ nicht richtig zum Text? Was meint der Autor, wenn er sagt, dass der Löwenwirt schon vorher in der Grube war?

ÜBUNG 7 **Schreibe nach dem Vorbild des Hebel-Textes selbst eine kleine Kalendergeschichte zum Thema „Frieden ernährt, aber Unfriede verzehrt“. Benutze dazu dein zusätzliches Übungsheft.**

Frieden ernährt, aber Unfrieden zerstört, das musste zuletzt auch wieder ein Schrebergärtner erleben, der schon seit Jahren mit seinem Nachbarn …

ÜBEN

3.2 Sage – Legende – Epos

Eine **Sage** ist eine zunächst meist mündlich überlieferte volkstümliche Erzählung über ein außergewöhnliches, oft übernatürliches Ereignis oder Erlebnis, das an Personen, Naturerscheinungen oder Gebäude geknüpft ist.

Volkssagen versuchen, rätselhafte Phänomene durch das Wirken überirdischer Kräfte zu erklären. In ihrem Mittelpunkt stehen oft Riesen, Hexen, Zwerge, Geister oder der Teufel.

Über den **Binger Mäuseturm** erzählt man folgende Sage:
Im Jahr 974 war eine so große Not in Deutschland, dass die Leute Katzen und Hunde aßen und dennoch viele Menschen an Hunger starben. Ein hartherziger Bischof ließ einen Turm mitten in den Rhein bauen, um sein Eigentum vor den armen und hungrigen Menschen zu schützen. Aber diese böse Tat wurde bald durch Gott gerächt. Die Mäuse schwammen durch den Fluss, stiegen auf den Turm und fraßen den Bischof bei lebendigem Leibe auf.

Heldensagen heben das Verhalten einer herausragenden Figur hervor, um ihr Andenken zu bewahren bzw. durch die Darstellung ihrer positiven Eigenschaften und Taten einen Maßstab für das Verhalten der Menschen zu setzen.

Wenn im Mittelpunkt einer solchen Geschichte eine heilige Person, ihre Taten und ihre Beziehung zu Gott steht, nennt man sie **Legende.**

Das Nibelungenlied
Siegfried besteht in seiner Jugend viele Abenteuer. Er kämpft u. a. mit einem Drachen, badet in dessen Blut und wird bis auf eine kleine Stelle an seinem Körper, auf die ein Lindenblatt gefallen war, unverwundbar. Er erkämpft für den Burgunderkönig Gunther mithilfe einer Tarnkappe Brunhilde und erhält Gunthers Schwester Kriemhild zur Frau. Als Brunhilde erfährt, dass Siegfried, nicht Gunther, sie besiegt hat, lässt sie Siegfried durch Hagen töten.

Das **Epos** (Plural: Epen) ist eine häufig in Versform verfasste Großform der erzählenden Dichtung. Es schildert geschichtliche oder religiöse Ereignisse sehr ausführlich. Die Personen und Ereignisse werden meist als Orientierung gebendes Ideal des menschlichen Lebens dargestellt.

Achtung: Obwohl Sagen, Legenden und Epen meist einen wahren Kern haben, ist es nicht wichtig, ob sich das Dargestellte wirklich ereignet hat, sondern wie es eigentlich zu verstehen ist.

Die Odyssee
Dieses Epos schildert die Fahrt des griechischen Helden Odysseus, der, nachdem er sich im Trojanischen Krieg durch große List bewährt hat, von Troja zurück nach Ithaka fährt. Unterwegs hat er viele Abenteuer zu bestehen, so muss er sich der Sirenen erwehren, die die an ihrer Insel Vorbeifahrenden mit betörendem Gesang anlocken, um sie dann zu töten. Nach seiner Rückkehr tötet Odysseus mithilfe seines Sohnes Telemach die vielen Freier seiner Gattin Penelope, die sein Gut verschleudern.

ÜBUNG 8 **Lies die beiden folgenden Texte gründlich durch. Um welche Textsorten handelt es sich? Woran erkennst du, dass es sich beim ersten Text nicht um ein Märchen handelt?**

Der Dombaumeister von Köln

Als man 1248 in Köln mit dem Bau des später weltberühmten Domes begann, war dies dem Teufel gar nicht recht und er versuchte mit List und Tücke den Fortgang des Dombaus zu verhindern.

Während der Dombaumeister Gerhard eines Tages hoch auf dem Domkran stand und den Bau überwachte, trat der Böse in Gestalt eines fremden Baumeisters aus Welschland an ihn heran und brüstete sich mit seiner Kunst und reizte Meister Gerhard so sehr, dass dieser ihn verspottete. Der Teufel tat beleidigt und bot Meister Gerhard eine Wette an, die besagte, dass er eher einen Bach unter der Erde von Trier nach Köln geleitet habe, als der Meister den Dombau vollendet hätte. Meister Gerhard lachte, aber aus Spaß schlug er ein und fragte, um was er wetten wolle. „Deine Seele sei der Preis", sagte der Fremde, „wenn die Enten auf dem Bach herumschwimmen, ehe deine Türme bis zur Spitze fertig sind." Damit war er verschwunden.

Seitdem arbeitete Meister Gerhard ununterbrochen mit wahrer Verbissenheit weiter an dem Bau. Er hatte keine ruhige Stunde mehr. Seiner Frau, die ihn oft fragte, warum er so verbissen sei, gab er lange keine rechte Antwort. Eines Abends jedoch, als sie wieder nachbohrte, erzählte er ihr alles. „Aber ich werde auf jeden Fall gewinnen", meinte er, „denn das Wasser in der unterirdischen Leitung kann ja nur fließen, wenn man im Abstand von einer Viertelstunde ein Luftloch lässt, und darauf wird der Fremde nicht kommen. Verrate dieses Geheimnis aber niemandem."

Zu der Zeit kam öfter, wenn die Frau allein war, ein Gelehrter aus einer fremden Stadt ins Haus, der ihr viele Komplimente machte. Er gab sich als Arzt aus, der alle Krankheiten des Leibes und der Seele heilen könne und auch ein Mittel gegen die Schwermut ihres Mannes wisse. Die Frau war froh, jemanden zu haben, mit dem sie über all ihren Kummer reden konnte, und so vertraute sie ihm zuletzt auch das Geheimnis für eine funktionierende Wasserleitung an. Seitdem kam der Fremde nicht mehr zu Besuch.

Eines Abends stieg Meister Gerhard wie gewohnt auf den Turm zum Kran, und das Erste, was er von oben herab sah und hörte, waren ein paar Enten, die schnatternd auf dem Bach schwammen, den der Teufel hergeleitet hatte. Erschrocken warf der Meister sein Werkzeug hin und stürzte sich in seiner Verzweiflung den Turm hinunter. Der Teufel aber sprang ihm in Gestalt einer Katze nach und fuhr mit seiner Seele zur Hölle. Später wurde das in Stein ausgehauen am Turm, zum Gedächtnis für die Nachwelt. Der Dom aber blieb unvollendet. Alle, die sich nach dem Meister Gerhard daran versuchten, waren nicht imstande, das Werk zu Ende zu führen.

Kölner Dom, bedeutendes Bauwerk der Hochgotik in Deutschland (Weltkulturerbe), fünfschiffiges Langhaus, Westtürme 160m hoch; 1248 begonnen; Konzeption und Bauleitung bis 1279: Baumeister Gerhard von Ryle; 1322 eingeweiht; endgültig fertig gestellt: 1880.

ÜBUNG 9 **Warum konnte Meister Gerhard den Dom nicht zu Ende bauen?**

Wie antwortet die Sage auf diese Frage?

Was sind wohl die wirklichen Gründe?

ÜBUNG 10 **Lies den folgenden Text und beantworte die unten stehenden Fragen.**

Dietrich von Bern

Dietrich und Diether waren die Kinder von König Dietmar in Bern. Er liebte sie beide, aber schon als Dietrich Kind war, blickte sein Vater mit besonderem Stolz auf ihn. Bald, so war schon bei seiner Geburt vorhergesagt worden, werde er ein berühmter Held werden und als Zeichen dafür sollte Feuer aus seinem Mund sprühen, wenn er zornig würde. Diese Weissagung erfüllte sich und immer, wenn Dietrich zornig wurde, schlug Feuer aus seinem Mund, und alle, die das sahen, deuteten dies als ein Zeichen seiner künftigen Macht und Größe.
Hildebrand, der treueste Gefolgsmann der Lombardenherrscher, erzog die beiden Söhne von König Dietmar. Von ihm lernte Dietrich Mut, Ausdauer und Kampfeslust.

a) Welcher Textsorte ist dieser Text zuzuordnen?

b) Wodurch unterscheidet er sich von einem Märchen einerseits und einer realistischen Erzählung andererseits?

ÜBEN

ÜBUNG 11 **Informiere dich über das Nibelungenlied und löse das Rätsel. Die Buchstaben in den markierten Feldern ergeben den Namen eines sagenhaften Zwergenvolkes.**

1. Kleidungsstück, das unsichtbar macht
2. Held des Nibelungenliedes
3. nordische Königin, später Ehefrau von Gunther
4. darin badet der Held des Nibelungenliedes und wird fast unverwundbar
5. bedeckt eine Körperstelle des Helden, wodurch diese verwundbar bleibt
6. Ehemann von Brunhilde
7. er ist König der ...
8. tötet den Helden des Nibelungenliedes
9. Ehefrau des Helden
10. eines der ersten Abenteuer des Helden

1.
2.
3.
4.
5.
6.
7.
8.
9.
10.

Lösungswort:

ÜBUNG 12 **Schreibe nach der Vorlage der Volkssage „Der Dombaumeister von Köln“ selbst eine kleine Sage, mit der du erklärst, warum dieses ehemals sehr herrschaftliche Bauernhaus so verfallen ist. Benutze dazu dein Übungsheft.**

ÜBEN

3.3 Inhaltsangabe

Eine Inhaltsangabe informiert knapp und sachlich über den Inhalt eines	
■ **literarischen Textes** oder eines	Gedichte, Geschichten, Erzählungen, Romane, Theaterstücke oder Hörspiele
■ **Sachtextes.**	(Zeitungs-)Berichte, Schulbuchtexte, Reden, wissenschaftliche Aufsätze
Bei **literarischen Texten** enthält sie folgende Informationen:	**Theodor Storm, Der Schimmelreiter**
■ Welche Figuren kommen vor und welche Beziehungen haben sie zueinander?	Tede Volkerts, Deichgraf; Elke, seine Tochter; Hauke Haien, Elkes Ehemann und Nachfolger des alten Deichgrafen.
■ Wo und wann geschieht etwas?	Die Geschichte spielt im 18. Jahrhundert in einem nordfriesischen Dorf.
■ Was geschieht?	Hauke Haien konstruiert ehrgeizig und hochmütig einen neuen Deich. Als Frau und Kind in der Sturmflut sterben, geht er mit seinem Schimmel in den Tod.
■ Aus welcher Perspektive wird erzählt?	Der alte Schulmeister erzählt die Geschichte.
Bei **Sachtexten** enthält sie folgende Informationen:	**Zeitungsartikel: Mobiltelefone immer beliebter**
■ Um welches Thema geht es?	Die Nutzung von Mobiltelefonen nimmt zu.
■ Welche wichtigen Aussagen werden zu diesem Thema gemacht?	Wesentliche statistische Daten, Anzahl der verkauften Geräte, Altersstruktur der Nutzer, Kosten etc.

Aufbau einer Inhaltsangabe

Der **Einleitungssatz** informiert über: ■ die Textsorte, ■ den Autor, ■ den Titel, ■ das Thema, ■ die Aussageabsicht. Obwohl der Satz am Anfang des Textes steht, sollte er erst am Ende einer gründlichen Textarbeit formuliert werden.	In der Novelle „Der Schimmelreiter" von Theodor Storm geht es um die Lebensgeschichte des Deichgrafen Hauke Haien und seinen Kampf gegen die Naturgewalten und gegen den Aberglauben.

Danach wird der Inhalt des Textes in zeitlicher oder logischer **Reihenfolge** wiedergegeben.

Bei Texten mit einer komplizierten Zeitstruktur (Erzählungen, Romane) oder Argumentationsstruktur (Sachtexte) erfordert das eine gründliche gedankliche Vorbereitung.

Das Tempus der Inhaltsangabe ist das **Präsens,** greift man auf Ereignisse zurück, die vor der eigentlichen Handlung liegen, so wird das **Perfekt** benutzt.

Hauke Haien **zeigt** schon als Kind großes Interesse für den Deichbau. Er **tritt** als Knecht in den Dienst des alten Deichgrafen und **eignet** sich die wesentlichen Kenntnisse und Fertigkeiten, die für dieses Amt benötigt werden, an. Er **heiratet** die Tochter des Deichgrafen und wird, nachdem dieser **gestorben ist,** zu seinem Nachfolger. Mit außergewöhnlicher Tatkraft **setzt** er seinen Plan, einen neuen Deich zu bauen, auch gegen Widerstände der Dorfbewohner durch.

Sprachliche Gestaltung

Die **Sprache** der Inhaltsangabe ist knapp und sachlich und verzichtet auf Wertungen, Meinungen und Ausschmückungen. Daher werden wenig beschreibende Adjektive oder Spannung erzeugende Verben verwendet.

Hauke Haien arbeitet ~~wie ein Besessener~~ an der Verwirklichung seines Plans.

Besser: mit großem Ehrgeiz und außergewöhnlicher Einsatzbereitschaft

Der zeitliche und sachliche Abstand zum Text muss deutlich werden. Wörter wie *jetzt, nun* oder *plötzlich* müssen umschrieben werden.

gestern → am Tag zuvor
morgen → am folgenden Tag
plötzlich → unmittelbar danach

Der Inhalt des Textes ist mit eigenen Worten wiederzugeben. Direkte wörtliche Übernahmen aus der Vorlage (Zitate) dürfen nicht verwendet werden.

Wichtige wörtliche Äußerungen werden mit eigenen Worten umschrieben oder in der **indirekten Rede** wiedergegeben.

Zum **Umfang** der Inhaltsangabe gilt: Das Wichtigste der Geschichte ist so knapp wie möglich wiederzugeben.

„Vorwärts!“, rief er noch einmal, [...]. „Herr Gott, nimm mich; verschon die anderen!“ Noch ein Sporenstich; ein Schrei des Schimmels, der Sturm und Wellenbrausen überschrie, dann unten aus dem hinabstürzenden Strom ein dumpfer Schall, ein kurzer Kampf.

Wird zu:
Aus Verzweiflung über den Deichbruch stürzt Hauke Haien sich zusammen mit seinem Schimmel ins Meer und stirbt.

ÜBUNG 13 **Lies den folgenden Text aufmerksam durch.**

Friedrich Schiller, Der Handschuh

Vor seinem Löwengarten,
Das Kampfspiel zu erwarten,
Saß König Franz,
Und um ihn die Großen der Krone
Und rings auf hohem Balkone
Die Damen in schönem Kranz.

Und wie er winkt mit dem Finger,
Auf tut sich der weite Zwinger,
Und hinein mit bedächtigem Schritt
Ein Löwe tritt
Und sieht sich stumm
Rings um,
Mit langem Gähnen,
Und schüttelt die Mähnen
Und streckt die Glieder
Und legt sich nieder.

Und der König winkt wieder,
Da öffnet sich behänd,
Ein zweites Tor,
Daraus rennt
Mit wildem Sprunge
Ein Tiger hervor,
Wie der den Löwen erschaut,
Brüllt er laut,
Schlägt mit dem Schweif
Einen furchtbaren Reif
Und recket die Zunge,
Und im Kreise scheu
Umgeht er den Leu
Grimmig schnurrend,
Darauf streckt er sich murrend
Zur Seite nieder.

Und der König winkt wieder,
Da speit das doppelt geöffnete Haus
Zwei Leoparden auf einmal aus,
Die stürzen mit mutiger Kampfbegier
Auf das Tigertier,
Das packt sie mit seinen grimmigen Tatzen,
Und der Leu mit Gebrüll
Richtet sich auf, da wird's still,
Und herum im Kreis,
Von Mordsucht heiß,
Lagern sich die gräulichen Katzen.

Da fällt von des Altans Rand
Ein Handschuh von schöner Hand
Zwischen den Tiger und den Leun
Mitten hinein.

Und zu Ritter Delorges spottenderweis
Wendet sich Fräulein Kunigund:
„Herr Ritter, ist Eure Liebe so heiß,
Wie Ihr mir's schwört zu jeder Stund,
Ei so hebt mir den Handschuh auf."

Und der Ritter in schnellem Lauf
Steigt hinab in den furchtbarn Zwinger
Mit festem Schritte,
Und aus der Ungeheuer Mitte
Nimmt er den Handschuh mit keckem Finger.

Und mit Erstaunen und mit Grauen
Sehen's die Ritter und Edelfrauen,
Und gelassen bringt er den Handschuh zurück.
Da schallt ihm sein Lob aus jedem Munde,
Aber mit zärtlichem Liebesblick –
Es verheißt ihm sein nahes Glück –
Empfängt ihn Fräulein Kunigunde.
Und er wirft ihr den Handschuh ins Gesicht:
„Den Dank, Dame, begehr ich nicht"
Und verlässt sie zur selben Stunde.

WISSEN +

Überblick über die verschiedenen Textsorten

- **Anekdote:** kurze Erzählung, die mit einer Pointe endet.
- **Ballade:** Text, der in Versen eine dramatische Geschichte erzählt.
- **Fabel:** erzählender Text, in dem es um Tiere geht.
- **Hymne:** Lobgesang auf Gott oder einen weltlichen Herrscher (König).
- **Kalendergeschichte:** meist heitere und volkstümliche Geschichte, die auf unterhaltsame Weise belehren will.
- **Komödie:** Bühnenstück, das nach Verwicklungen positiv endet.
- **Lied:** gleichmäßig gebautes Gedicht, das zu einer Melodie gesungen wird.
- **Märchen:** erzählender Text, in dem oft wunderbare Dinge geschehen.
- **Tragödie:** Bühnenstück, in dem der Held scheitert.

ÜBUNG 14 **Welcher Textsorte ist der Text aus Übung 13 zuzuordnen?**

ÜBUNG 15 **Kläre die Begriffe aus Übung 13, die sich im Wortspeicher finden. Nimm gegebenenfalls ein Lexikon zu Hilfe und schreibe die Erklärungen in dein Übungsheft.**

Zwinger – Schweif – Reif – Leu – speit … aus – Altan – keckem

ÜBUNG 16 **Beantworte folgende Fragen zum Text der Übung 13.**

Wer sind die beiden Hauptfiguren?

Was sind der König, die Ritter und die Edelfrauen?

Wo spielt sich das Ganze ab?

ÜBUNG 17 **Fasse den Handlungsverlauf in drei kurzen Sätzen zusammen. Schreibe sie in dein Übungsheft.**

ÜBUNG 18 **Formuliere einen Einleitungssatz zu deiner Inhaltsangabe.**

In ______ „Der Handschuh" von Friedrich Schiller geht es um den ______ eines Edelfräuleins und den ______ eines Ritters, der sich nicht demütigen lassen will und sie deshalb verlässt.

ÜBUNG 19 **Welche Abbildung passt am besten zu Ritter Delorges, welche zum Edelfräulein Kunigunde? Begründe deine Auswahl mit Hinweisen aus dem Text.**

1a

1b

1c

2a

2b

2c

Abbildung ___ passt am besten zu Ritter Delorges, weil sie einen ___ darstellt und so ist auch Ritter Delorges.
Das kann man an folgenden Textstellen sehen: ___

Abbildung ___ passt am besten zum Edelfräulein Kunigunde, weil sie eine ___ darstellt und so ist auch das Edelfräulein.
Das kann man an folgenden Textstellen sehen: ___

ÜBUNG 20 **Schreibe jetzt eine Inhaltsangabe zu diesem Text in dein Übungsheft. Wiederhole vorher die wichtigsten formalen Vorgaben für die Inhaltsangabe.**

Das Tempus ist das ___ . Die Sprache der Inhaltsangabe ist ___ . ___ , ___ und ___ gehören nicht in die Inhaltsangabe. Direkte Textzitate und wörtliche Rede ___ in die Inhaltsangabe, sie müssen ___ bzw. in die ___ Rede gesetzt werden.

Check-up Umgang mit Texten

60 Minuten

AUFGABE 1 **Schlage in einem Wörterbuch die fremden bzw. altertümlichen Begriffe und Wendungen nach.**

Aus der Odysseus-Sage

Das erste Abenteuer, das wir zu bestehen hatten, erwartete uns am Eiland der Sirenen. Dort wohnen Nymphen, die jedermann betören, der auf ihr Lied hört. Am grünen Gestade sitzen sie und singen ihre Zauberweisen den Vorüberfahrenden zu. Wer sich aber von ihnen betören lässt, ist ein Kind des Todes; man sieht an ihrem Ufer des modernden Gebeins genug. Bei der Insel dieser verführerischen Frauen angekommen hielt unser Schiff plötzlich still, denn der Wind, der uns bisher gelinde vorangetrieben hatte, hörte mit einem Male auf zu wehen, das Gewässer schimmerte wie ein Spiegel. Meine Begleiter bargen die Segel und setzten sich an die Ruder, um das Fahrzeug wieder in Fahrt zu bringen.

1. Eiland
2. Nymphen
3. betören
4. Gestade
5. Zauberweisen
6. ein Kind des Todes sein
7. moderndes Gebein
8. gelinde
9. die Segel bergen

AUFGABE 2 **Beantworte folgende Fragen zum Text. Schreibe dabei aber nicht einfach aus dem Text ab, sondern benutze deine eigenen Worte. Benutze für die Antworten dein zusätzliches Übungsheft.**

1. Wodurch locken die Sirenen die Vorüberfahrenden an?
2. Was erwartet diejenigen, die sich von den Sirenen anlocken lassen?
3. Woran kann man erkennen, dass es gefährlich ist, an der Insel anzuhalten?
4. Wieso hält das Schiff des Odysseus bei der Insel an?
5. Auf welche Weise versuchen die Begleiter des Odysseus, dennoch weiterzukommen?

AUFGABE 3 **Entscheide, zu welcher Textsorte die verschiedenen Textanfänge gehören.**

Friedrich Schiller, Der Taucher

„Wer wagt es, Rittersmann oder Knapp,
Zu tauchen in diesen Schlund?
Einen goldnen Becher werf' ich hinab,
Verschlungen schon hat ihn der schwarze Mund.
Wer mir den Becher kann wieder zeigen,
Er mag ihn behalten, er ist sein Eigen." [...]

Textsorte:

König Laurins Rosengarten

Dietrich war ein tapferer Ritter geworden, der viele Siege erringen konnte. Sein Ruhm wuchs und wuchs, seine Gefolgsleute bewunderten ihn. Aber Hildebrand, sein Erzieher, hielt sich mit Lob zurück. Als sie einmal zusammensaßen, fragte er Dietrich: „Hast du schon einmal von den Zwergen tief im Innern der Berge gehört? Sie sind unvorstellbar stark, viele Männer sind schon im Kampf mit ihnen gestorben. Besiegst du sie, dann werde auch ich sagen, dass es keinen stärkeren Kämpfer als dich gibt." [...]

Textsorte:

Hans Christian Andersen, Der fliegende Koffer

Es war einmal ein Kaufmann, der war so reich, dass er die ganze Straße und fast noch eine kleine Gasse dazu hätte mit Silbergeld pflastern können, aber das tat er nicht, er wusste sein Geld anders anzuwenden. Gab er einen Groschen aus, so nahm er einen Taler wieder ein; so ein kluger Kaufmann war er, bis er starb. Der Sohn bekam nun alles Geld und lebte lustig und vergnügt, ging jede Nacht auf den Maskenball, machte Papierdrachen aus Talerscheinen und warf beim Spielen Goldstücke statt Steine ins Wasser. [...]

Textsorte:

Gotthold Ephraim Lessing, Der Löwe und der Hase

Ein Löwe würdigte einen drolligen Hasen seiner nähern Bekanntschaft. „Aber ist es denn wahr", fragte ihn einst der Hase, „dass euch Löwen ein elender krähender Hahn so leicht verjagen kann?" „Allerdings ist es wahr", antwortete der Löwe, „und es ist eine allgemeine Anmerkung, dass wir großen Tiere durchgängig eine gewisse kleine Schwachheit an uns haben. [...]

Textsorte:

AUFGABE 4 **Lies folgende Kalendergeschichte und kläre alle unklaren Begriffe.**

Johann Peter Hebel, Der kluge Richter

Ein reicher Mann hatte eine beträchtliche Geldsumme, welche in ein Tuch eingenähet war, aus Unvorsichtigkeit verloren. Er machte daher seinen Verlust bekannt und bot, wie man zu tun pflegt, dem ehrlichen Finder eine Belohnung, und zwar von hundert Talern, an. Da kam bald ein guter und ehrlicher Mann dahergegangen. „Dein Geld habe ich gefunden. Dies wird's wohl sein! So nimm dein Eigentum zurück!" So sprach er mit dem heitern Blick eines ehrlichen Mannes und eines guten Gewissens, und das war schön. Der andere machte auch ein fröhliches Gesicht, aber nur, weil er sein verloren geschätztes Geld wieder hatte. Denn wie es um seine Ehrlichkeit aussah, das wird sich bald zeigen. Er zählte das Geld und dachte unterdessen geschwinde nach, wie er den treuen Finder um seine versprochene Belohnung bringen könnte. „Guter Freund", sprach er hierauf, „es waren eigentlich 800 Taler in dem Tuch eingenäht. Ich finde aber nur noch 700 Taler. Ihr werdet also wohl eine Naht aufgetrennt und Eure 100 Taler Belohnung schon herausgenommen haben. Da habt Ihr wohl daran getan. Ich danke Euch." Das war nicht schön. Aber wir sind auch noch nicht am Ende. Ehrlich währt am längsten, und Unrecht schlägt seinen eigenen Herrn. Der ehrliche Finder, dem es weniger um die 100 Taler als um seine unbescholtene Rechtschaffenheit zu tun war, versicherte, dass er das Päcklein so gefunden habe, wie er es bringe, und es so bringe, wie er's gefunden habe. Am Ende kamen sie vor den Richter. Beide bestanden auch hier noch auf ihrer Behauptung [...]. Da war guter Rat teuer. Aber der kluge Richter, der die Ehrlichkeit des einen und die schlechte Gesinnung des andern zum Voraus zu kennen schien, [...] tat folgenden Ausspruch: „Demnach, und wenn der eine von euch 800 Taler verloren, der andere aber nur ein Päcklein mit 700 Talern gefunden hat, so kann auch das Geld des Letztern nicht das nämliche sein, auf welches der Erstere ein Recht hat. Du, ehrlicher Freund, nimmst also das Geld, welches du gefunden hast, wieder zurück und behältst es in guter Verwahrung, bis der kommt, welcher nur 700 Taler verloren hat. Und dir da weiß ich keinen andern Rat, als du geduldest dich, bis derjenige sich meldet, der deine 800 Taler findet."

AUFGABE 5 **Gliedere den Text in Sinnabschnitte.**

1. Zeile bis :
2. Zeile bis :
3. Zeile bis :
4. Zeile bis :

AUFGABE 6 **Schreibe jetzt eine vollständige Inhaltsangabe in dein Übungsheft.**

4 Umgang mit Medien

4.1 Zeitungsberichte

Zeitungstexte dienen zur **Information** der Leserinnen und Leser. Einige Texte geben die Meinung der Journalistin oder des Journalisten wieder und dienen auch der **Meinungsbildung** der Lesenden.	Informierende Texte: Nachricht, Bericht, Reportage Meinungsorientierte Textsorten: Kommentar, Rezension

Nachricht und Bericht

Die kürzeste journalistische Textform ist die **Nachricht.** In ihr werden alle wichtigen Informationen zu einem Ereignis in knapper Form zusammengefasst.	Am Sonntagabend kam es in Uerdingen zu einem Verkehrsunfall zwischen einem Motorradfahrer und einem Pkw. Beide Fahrer wurden leicht verletzt, es entstand ein Sachschaden in Höhe von 15 000 Euro.
Im **Bericht** werden ausführliche Informationen zu einem Geschehen gegeben. Diese kann man mit den sieben W-Fragen erkunden: ■ Wer? ■ Was? ■ Wann? ■ Wo? ■ Warum? ■ Wie? ■ Mit welchen Folgen?	Am Sonntagabend ereignete sich in der Berliner Straße ein folgenschwerer Verkehrsunfall. Ein aus Richtung Duisburg kommender Motorradfahrer missachtete die rote Ampel und fuhr auf einen aus Richtung Krefeld kommenden Pkw auf. Der Motorradfahrer erlitt leichte Verletzungen, der Fahrer des Pkw kam mit einem Schock davon. Es entstand ein Sachschaden in Höhe von rund 15 000 Euro.
Die wichtigsten Informationen werden zuerst genannt.	Beteiligung berühmter Personen: **Wer?** Ein außergewöhnliches Ereignis: **Was?**

Sprachliche Gestaltung

Berichte sind in einer **sachlichen Sprache** zu verfassen. Stimmungen und Wertungen gehören nicht in den Bericht. Das Tempus ist das **Präteritum.**	Erste Frühlingsstrahlen lockten die Besucher zum Schulfest in den Stadtwald. *Besser:* Bei sonnigem Wetter **kamen** rund 1200 Besucher zum Schulfest in den Stadtwald.

ÜBUNG 1 **Schreibe aus dem Bericht die Antworten auf die W-Fragen heraus.**

Essen, 24.07.05 Ein Unwetter mit schweren Sturmböen hat gestern im südlichen Ruhrgebiet großen Schaden angerichtet. Zwei Insassen eines Pkw wurden leicht verletzt, als ihr Wagen in einer unübersichtlichen Kurve auf einen entwurzelten Baum prallte. Die herbeigerufenen Einsatzkräfte der Feuerwehr und des Technischen Hilfswerks konnten die Verletzten aber bergen und den Baum von der Fahrbahn schaffen. Der Fahrer des Pkw und sein Beifahrer wurden zur Beobachtung ins Krankenhaus eingeliefert.

Wer?

Was?

Wann?

Wo?

Wie?

Warum?

Mit welchen Folgen?

ÜBUNG 2 **Kürze den Text, indem du die unwichtigen Informationen streichst.**

Gestern Nachmittag kam es in der Bahnhofstraße in Hof zu einem Verkehrsunfall. Der Fahrer eines grünen VW Golfs (Baujahr 1987) missachtete die Vorfahrt einer 37-jährigen blonden Radfahrerin, die vom Zahnarztbesuch kam. Der Pkw-Fahrer, der zuvor in einem Schnellrestaurant gegessen hatte, gab an, durch die tief stehende Sonne geblendet worden zu sein und die Radfahrerin deshalb nicht gesehen zu haben. Die Polizei nahm die Personalien der am Unfallgeschehen Beteiligten auf. Die Radfahrerin, die am 29. Februar geboren wurde, zog sich nur leichte Verletzungen zu. An den Fahrzeugen entstand ein Sachschaden in Höhe von 1500 Euro.

ÜBUNG 3 **Verarbeite die Informationen zu einem kurzen Bericht. Achte auf eine sinnvolle Reihenfolge! Schreibe den Text in dein Übungsheft.**

Wer?	300 Kinder und Jugendliche
Was?	Schildkrötenrallye
Wann?	Samstag, 14. Juni 2005
Wo?	Zoo Wuppertal
Wie?/Warum?	Quizspiel mit Fragen zu Lebensbedingungen und -gewohnheiten der Schildkröten
Mit welchen Folgen?	Sachpreise für die Gewinner

ÜBUNG 4 **Beim folgenden Text sind die Informationen nicht sinnvoll geordnet. Stelle den Text so um, dass die wichtigsten Informationen am Anfang des Textes stehen. Schreibe den überarbeiteten Text in dein Übungsheft.**

(1) Die Flammen griffen schnell auf den Dachstuhl der Scheune über. – (2) Dabei fing der Schweif eines Pferdes Feuer. – (3) Der Bauer selber konnte den Brand nicht löschen. – (4) Ein Pferd hat am Samstag im Alten Land bei Hamburg mit seinem brennenden Schweif eine Scheune in Brand gesetzt. – (5) Als es in Panik davonstob, gerieten einige Strohballen in Brand. – (6) Nach Auskunft der Polizei hatte ein 48-jähriger Mann versucht, in dem Gebäude eine zugefrorene Wasserleitung mit einem Bunsenbrenner aufzutauen. – (7) Auch das Pferd wurde gerettet. – (8) Die Feuerwehr wurde dann aber schnell Herr der Flammen.

ÜBUNG 5 **Ersetze im folgenden Text alle unsachlichen Ausdrücke durch sachliche Informationen. Schreibe den überarbeiteten Text in dein Übungsheft.**

Geländewagen abgefackelt
Ein paar Verrückte haben in der Nacht zum Montag in der Albertstraße in Schweinfurt einen Sachschaden von über 50 000 Euro angerichtet. Gegen 3.10 Uhr zündeten sie einen super ausgestatteten und wahnsinnig teuren Mercedes-Geländewagen an. Das Fahrzeug brannte vollständig aus. Auch ein neben diesem Wagen geparkter mickriger Renault Clio wurde durch die Einwirkung der supergroßen Hitze beschädigt. Wahrscheinlich waren es auch die gleichen Kriminellen, die in derselben Nacht die Seitenscheiben von zwei weiteren in dieser Straße geparkten Autos total zertrümmert haben. Wer Beobachtungen zu diesen verwerflichen Taten machen konnte, soll sich bitte bei der Polizei melden.

ÜBUNG 6 **Schreibe einen kurzen Bericht über das in den Bildern dargestellte Ereignis in dein Übungsheft.**

4.2 Reportage und Kommentar

Reportage

Eine **Reportage** will den Lesern auch die **Atmosphäre** bei einem Ereignis, die **Stimmung** der Beteiligten und subjektive **Eindrücke** vermitteln.	Der Geruch von Grillwürstchen füllt die Pausenhalle, aus der Aula dröhnen harte Rock-Klänge und auf dem Schulhof sieht man bunt geschminkte Clowns ...
Das geschieht unter anderem durch die Schilderung von Sinneseindrücken oder die Wiedergabe von wörtlichen Aussagen der Beteiligten **(O-Töne).**	„Das ist wirklich super! Hier kann man Schule mal ganz anders erleben. Schule kann echt Spaß machen!“
Auch kann in einzelnen Abschnitten das **Präsens** gewählt werden, um das Geschehen lebendiger darzustellen.	Pia **spielt** die Titelrolle, als hätte sie nie etwas anderes getan als auf der Bühne zu stehen. Das Publikum **ist** begeistert.
In Reportagen werden die Informationen so über den Text verteilt, dass bei den Lesern **Spannung** erzeugt wird und gewahrt bleibt.	Wie kann es gleichzeitig nach französischem Baguette, nach italienischer Pizza und türkischem Döner duften? Ganz einfach: Die Realschule Mühlenstraße steht heute im Zeichen der europäischen Einigung. Neben kulinarischen Köstlichkeiten gibt es auch ...

Kommentar

Im Gegensatz zur Nachricht, zum Bericht und zur Reportage, die im Wesentlichen der Information dienen, steht der **Kommentar,** in dem Journalistinnen und Journalisten ihre **Meinung** zu einem Thema äußern.	Der Stadtrat hat sich bei seiner Entscheidung den Interessen der Partei untergeordnet, die im Rat seit der letzten Wahl die absolute Mehrheit besitzt. Das ist schlecht für die Stadt und noch schlimmer: Es ist ein Skandal!
Anknüpfend an die kurze Darstellung eines Sachverhalts entwickelt der Kommentator eine Stellungnahme zu einem bestimmten Problem oder einer Fragestellung, die er durch **Argumente** (↑ Kap. 2.1) unterstützt.	In seiner gestrigen Sitzung hat der Stadtrat entschieden, das Jugendheim in der Hauptstraße Ende des Jahres zu schließen. Diese Entscheidung ist kurzsichtig und nicht nur für die betroffenen Jugendlichen völlig unverständlich.
Kommentare vermitteln im Wesentlichen Standpunkte und Meinungen der Schreibenden, daher sind in ihnen bewertende, beurteilende und empfehlende Aussagen der Schreibenden nicht nur erlaubt, sondern erwünscht.	Das Schulfest am Stadtwald-Gymnasium hat es wieder einmal unter Beweis gestellt. Durch eine gute Zusammenarbeit zwischen Eltern, Lehrerinnen und Lehrern sowie Schülerinnen und Schülern kann viel erreicht werden. PISA ist nicht alles!

ÜBUNG 7 **Entscheide bei den folgenden Sätzen, ob sie aus einem Bericht (B) oder einer Reportage (R) stammen.**

	B	R
1. Angelika Monteverdi hat die 14. Etappe des Giro d'Italia von Riccione nach Rimini am Mittelmeer gewonnen.		
2. Am Sonntag startet auf dem Nürburgring der Große Preis von Europa. Wenn die Strecke den Nimbus der grünen Hölle auch verloren hat, birgt das Rennen doch viel Brisanz.		
3. 2:1 führen die Krefeld Pinguine gegen die Kölner Haie, die Eishockeyfans sind schier aus dem Häuschen.		
4. Etwa 350 Hautärzte in Niedersachsen haben gestern einen dreitägigen Streik begonnen.		
5. Mehrere Hundert Sandalen-, Wanderschuh- und Rucksackträger haben sich am Eingang des Hannoveraner Messegeländes versammelt: „Walk mit Gott – ein Vital-Gottesdienst mit gemeinsamem Walken und Talken" steht auf dem Programm des 30. Evangelischen Kirchentags.		

übung 8 **Unterstreiche die subjektiven und wertenden Aussagen.**

Projekttage – wozu?

Nun haben die Projekttage also stattgefunden. Fragt man die Beteiligten nach ihren Eindrücken, so bekommt man unterschiedliche Auskünfte. Von begeisterter Zustimmung bis zu vernichtender Kritik und – was noch schlimmer ist – gelangweilter Gleichgültigkeit reichen die Reaktionen. Projekttage geben – in der Theorie – jedem die Chance, auf einem bestimmten Gebiet praktisch zu arbeiten. Die Möglichkeit, mit Schülern aus unterschiedlichen Jahrgangsstufen zusammenzuarbeiten, und die selbstständige Arbeit an einem konkreten Projekt machen diese alternative Form des Lernens so reizvoll. Inwiefern diesem Anspruch gerecht geworden ist, muss jeder für sich bewerten. Insgesamt gilt: Projekttage, die von den Jugendlichen zwar vehement eingefordert werden, bei deren Vorbereitung sie sich aber vornehm zurückhalten und die im schulischen Leben keine herausgehobene Stellung haben, sondern so nebenbei eben auch noch gemacht werden – müssen? –, verdienen diesen Namen nicht, man sollte sie sich schenken!

ÜBUNG 9 **Schreibe aus der folgenden Reportage einerseits die reinen Sachinformationen heraus und andererseits die Mittel, mit denen der Autor die Atmosphäre zu vermitteln versucht.**

Schülerinnen und Schüler, die voller Engagement ihre Projektarbeiten präsentieren, Lehrerinnen und Lehrer, die auf der Bühne für zwei Stunden mal „völlig ausgeflippt“ sind, und ein Schulleiter, der vor lauter Begeisterung sein Redemanuskript in den Mülleimer wirft und nur noch sagt: „Super Stimmung hier, weiter so!“, das sind die bleibenden Eindrücke vom gelungenen Schulfest des Goethe-Gymnasiums am vergangenen Samstag.
Aus Anlass des Schuljubiläums hatten sich die Schülerinnen und Schüler, die Eltern und das Kollegium in den vergangenen Wochen intensiv auf das Spektakel vorbereitet. Und was dabei herausgekommen ist, war dann auch ein Programm der Extraklasse. Zunächst zeigten einige Lehrerinnen und Lehrer, dass sie nicht nur Vokabeln und Formeln abfragen können. In einer beinah schon professionellen Bühnenshow ließen sie die Unterhaltungsmusik der letzten 50 Jahre Revue passieren. „‚Ein bisschen Frieden‘ auf Lateinisch, das war wirklich der Hammer“, so Mareike, eine begeisterte Oberstufenschülerin, „und als der Köhlmann dann auch noch getanzt hat, einfach Klasse!“ Aber auch die Schülerinnen und Schüler und deren Eltern waren fleißig, sie präsentierten ihren je eigenen Rückblick auf die letzten 50 Jahre. Von Schulbüchern und Erziehungsmethoden über die kulinarischen Genüsse aus fünf Jahrzehnten bis zur Raumgestaltung und Körperbemalung der letzten 50 Jahre, fast kein Bereich des alltäglichen Lebens wurde ausgelassen. „Dieses Schulfest ist in jeder Hinsicht ein voller Erfolg“, so Dr. Optebohm am Ende eines ereignisreichen Tages.

Sachinformationen

Wer?

Was?

Wann?

Wo?

Wie?

Warum?

Mit welchen Folgen?

Atmosphäre/Stimmung

ÜBUNG 10 **Ordne die drei Textauszüge den unterschiedlichen Textsorten – Bericht, Reportage, Kommentar – begründet zu.**

Text A Einmal im Jahr öffnet sich der Vorhang. Was sich den Zuschauern dann bietet, bedeutet für sie „Theater-AG". Für die Mitglieder ist es der Höhepunkt, aber gleichzeitig auch das Ende monatelanger Vorbereitung.
Ein Jahr zuvor warten bereits eingefleischte Theater-AG-Veteranen sehnsüchtig auf den Aushang, mit dem alles beginnt. Schon nach dem ersten Treffen ist allen Teilnehmerinnen und Teilnehmern klar: Ein Tag in der Woche ist Theatertag! Damit ist der Stein ins Rollen gebracht. Ein Stück wird ausgesucht, Rollen werden verteilt und die Proben beginnen …

Text B Den ersten Tag der Projekttage „Schule ohne Rassismus" verbrachten die Schüler des Projektes „Das Stadtwald-Gymnasium in der NS-Zeit" im Stadtarchiv. Nach einer Einführung in die Aufgaben des Stadtarchivs saßen sie vor einem großen Stapel an Primärquellen. Um alles bearbeiten zu können, teilten sie sich in Gruppen auf. Sie untersuchten Zeugnisse und Beobachtungsbögen verschiedener Schüler aus dieser Zeit. Man konnte sehen, dass Biologie das wichtigste Fach war, in dem hauptsächlich Rassenkunde unterrichtet wurde …

Text C Unsere Jugend schreibt wieder. Nach der PISA-Studie endlich eine gute Nachricht aus den Schulen. Und trotzdem gibt es Lehrer, die sich darüber aufregen. Wieso? Vielleicht, weil es ausgerechnet SMS sind, die die Schreiblust wecken. Aber warum die neue Technologie verteufeln? Wie bei allen technischen Entwicklungen gilt es auch hier, sie sinnvoll einzusetzen. Kommunikations- und Medienkompetenz zu erwerben, wird in der zunehmend vernetzten Welt immer wichtiger. Stellen wir uns der Herausforderung, lernen und lehren wir einen sinnvollen Umgang mit SMS, E-Mail und Co!

Text A ist ______________, weil ______________________________

____.

Text B ist ______________, weil ______________________________

____.

Text C ist ______________, weil ______________________________

____.

ÜBEN

4.3 Zeitungstexte verfassen

Der erste Schritt beim Verfassen von Zeitungsartikeln ist die **Recherche.** Diese umfasst die Sammlung von Informationen und das Einholen unterschiedlicher Stellungnahmen. Besonders wichtig ist das Überprüfen der Informationen. Sind diese nachvollziehbar? Ist die Quelle glaubhaft? Insbesondere Internetinformationen sind genau zu überprüfen.	Beispiele für Informationsquellen: eigene Beobachtungen (z. B. bei einer Veranstaltung), Aussagen von Augenzeugen (z. B. bei einem Unfall), Interviews mit Beteiligten oder Sachverständigen (z. B. bei einem Gerichtsverfahren), Sachinformationen aus Lexika, Fachbüchern, dem Internet usw. (z. B. bei einer politischen Debatte)
Wichtig ist es auch, sich die **Quelle** der Informationen genau zu notieren, damit man auf Nachfrage genau belegen kann, woher man seine Informationen hat. ▪ bei Augenzeugenaussagen/Interviews: Name und Funktion des Gesprächspartners, Datum des Gesprächs ▪ bei Informationen aus Büchern: Autor, Titel, Jahreszahl, Seite ▪ bei Informationen aus dem Internet: genaue Adresse und Abrufdatum	Interview Dr. Heinz Unstatt, Schulleiter Stadtwald-Gymnasium, 25.06.2005 O-Ton: Melanie Schmidt, Schülersprecherin, 27.06.2005 Miehl, Gunter, Werdingrodes höhere Schule seit 1880, 2003, S. 17 www.duden.de 30.06.2005
Journalistische Texte sollen in einer einfachen und klar verständlichen **Sprache** verfasst sein. ▪ Wähle daher einfache und verständliche Wörter. ▪ Vermeide Nominalisierungen. ▪ Nenne, wo es möglich ist, den Täter und vermeide Passivformen.	„Lehranstalt", *besser:* „Schule", „produzieren", *besser:* „herstellen" Die Herstellung ganz verschiedener Speisen war von den Eltern übernommen worden. *Besser:* Die Eltern hatten verschiedene Speisen hergestellt. Ein kleines Theaterstück wurde aufgeführt. *Besser:* Schülerinnen und Schüler der Klasse 7d führten ein kleines Theaterstück auf.
Die Überschrift zu einem Zeitungsbeitrag, die so genannte **Schlagzeile,** soll zum Lesen des Textes motivieren, daher soll sie möglichst pointiert, gegebenenfalls auch witzig und originell formuliert sein.	Schule – einmal anders „EUROPA" am Stadtwald Stadtwald-Gymnasium ganz im Zeichen der europäischen Einigung

WISSEN

ÜBUNG 11 **Wen sprichst du an, wenn du zu folgendem Thema recherchieren musst? Verbinde mit Linien.**

Die Aussichten des FC 09 für die neue Saison

Die Zahl der Verkehrsunfälle mit verletzten Kindern

Die Auswirkungen des Unwetters auf die Ernte

Die Voraussetzungen für eine Lehre in der Bank

Die Arbeit im Stadttheater

Die Zukunft des Jugendzentrums

ÜBUNG 12 **Du sollst für eine Schülerzeitung einen Beitrag über das Leben der folgenden Personen schreiben. Recherchiere in einem Lexikon und trage die Ergebnisse deiner Recherche in dein Übungsheft ein.**

Lincoln, Abraham
Geburtsjahr:
Todesjahr:
Amt/Funktion:
besondere Lebensleistung:
Quelle der Informationen:

Kubrick, Stanley
Geburtsjahr:
Todesjahr:
Amt/Funktion:
besondere Lebensleistung:
Quelle der Informationen:

Fontane, Theodor
Geburtsjahr:
Todesjahr:
Amt/Funktion:
besondere Lebensleistung:
Quelle der Informationen:

Brändström, Elsa
Geburtsjahr:
Todesjahr:
Amt/Funktion:
besondere Lebensleistung:
Quelle der Informationen:

WISSEN +

Internetrecherche

Du findest viele **Informationen im Internet,** wenn du den Suchbegriff in eine Suchmaschine eingibst. Aber: Nicht alle Treffer liefern brauchbare Informationen.
Tipp: Unter www.schuelerlexikon.de, dem Schülerportal von Duden, erhältst du stets verlässliche Informationen.

ÜBUNG 13 **Formuliere aus den folgenden Informationen zwei kurze Nachrichten. Benutze dazu dein Übungsheft.**

Wer?	ein 23-jähriger Motorradfahrer	dreijähriges Mädchen
Was?	Auffahrunfall auf einen haltenden Pkw	Mutter wurde im Schlafzimmer eingesperrt
Wann?	am vergangenen Freitag, 17.00 Uhr	am Dienstagabend
Wo?	Leipziger Straße	Kassel
Wie?	auf regennasser Fahrbahn in den vor einer Ampel haltenden Pkw gerutscht	Abschließen des Schlafzimmers, Weigerung den Schlüssel herauszugeben
Warum?	leicht überhöhte Geschwindigkeit	um ungestört fernzusehen
Mit welchen	leichter Sachschaden am Motorrad und am Pkw	Polizei konnte Mutter mit Ersatzschlüssel befreien

ÜBUNG 14 **Der Stadtrat hat beschlossen, das Jugendzentrum zu schließen. Für die Schülerzeitung sollst du ein Interview mit dem Bürgermeister zu diesem Thema führen. Bei der Redaktionskonferenz hast du dir einzelne Stichworte notiert. Formuliere daraus Fragen für das Interview.**

Gründe für die Schließung?
Neueröffnung in der Nachbarstadt, aber Schließung bei uns?
Mögliche Aktivitäten von uns zum Erhalt des Jugendzentrums?
Andere Angebote zur Freizeitgestaltung?
Wahlversprechen, „mehr für Kinder und Familien zu tun", und Realität?

1. Herr Bürgermeister,
2.
3.
4.
5.

ÜBEN

ÜBUNG 15 **Formuliere den folgenden Text einfacher und verständlicher. Benutze dazu dein Übungsheft.**

Die Sicherheit für Inlineskater soll durch das Angebot eines Inliner-Sicherheitstrainings, das durch Übungen wie „Bremsen“ oder auch „Kurven- und Rückwärtsfahren“ in der Stadthalle Anfängern Grundtechniken des Inlineskatens vermitteln soll, verbessert werden. Der vom Sportamt der Stadt und dem Stadtsportbund angebotene Kurs, der für Erwachsene 30 Euro und für Kinder 15 Euro kostet, findet von 10 bis 12 Uhr statt. Am Samstag, dem 4. Juni, ist der erste Termin, ein weiterer eine Woche später.

ÜBUNG 16 **Du warst bei einem Fußballspiel und hast dir Notizen gemacht. Formuliere daraus eine Reportage. Benutze dazu dein Übungsheft.**

- ausverkauftes Haus, 22500 Zuschauer
- gute Stimmung, lautstarke Gesänge „Ole, hier kommt der VfB!“
- erste Viertelstunde: vorsichtiges Abtasten, wenig gute Spielzüge, kaum Torchancen
- 18. Minute: Foul an der Strafraumlinie, direkter Freistoß, Oktay schießt hervorragend, Torwart Martin kann aber glänzend parieren
- Chancen im Minutentakt auf beiden Seiten, gute Leistung beider Torhüter
- 37. Minute: Hertel (VfB) schießt 1:0 mit einem Heber
- Halbzeit, Riesenapplaus für beide Teams, tolles Fußballspiel
- keine Wechsel zur zweiten Hälfte; FC mit deutlich mehr Spielanteilen; Großchance zum Ausgleich für Felix Schrauber, Pfosten
- 70. Minute: Spielerwechsel, Claaßen für Läuker, neuer Schwung für das Spiel des VfB
- 77. Minute: Claaßen im Alleingang auf das FC-Tor, Torhüter umspielt, eingeschoben mit links, 2:0, Vorentscheidung
- 88. Minute: Anschlusstreffer durch Schrauber, strammer Linksschuss aus halblinker Position
- Schlusspfiff
- Trainer Merkel (FC): „Das war heute ein sehr hochklassiges Spiel, ich kann meiner Mannschaft keinen Vorwurf machen, die Niederlage war sicher ein wenig unglücklich.“
- Manager Zebec (VfB): „Das waren drei wichtige Punkte im Kampf gegen den Abstieg, Kompliment an unsere Mannschaft!“

4.4 Werbung

Der Begriff **Werbung** bezeichnet alle Maßnahmen, die Personen oder Personengruppen zu einem bestimmten Verhalten bewegen sollen. Man unterscheidet: ■ **Reklame** (wirtschaftliche Werbung) für Produkte bzw. für ein Unternehmen und ■ **Propaganda** (politische Werbung) für eine Partei bzw. politische Entscheidung.	Der neue EMW – aus Spaß an der Freude! Wir kämpfen gegen hohe Spritpreise! Wählen Sie die Sparpartei!
Prominente Persönlichkeiten haben eine hohe Werbewirksamkeit, ihnen wird ein großer Einfluss auf die (Kauf-)Entscheidung vieler Menschen zugeschrieben.	Boris Becker – Sportschuhe Claudia Schiffer – Haarpflegeprodukte
Der **Sprachstil** von Werbetexten ist vielfach geprägt durch: ■ Superlative, ■ kurze und einprägsame Sätze und Modewörter. ■ Durch die Wiederholung gleicher Anfangslaute in aufeinanderfolgenden Wörtern (Alliteration) kann man sich den Werbespruch besser einprägen. ■ Bei bestimmten Gegenständen und Zielgruppen wird häufig auch ein sachlicher Stil verwendet (z. B. Nennung von Fakten und Untersuchungsergebnissen).	TINETTE, für das **beste** Programm! (neue Fernsehzeitschrift) Für coole Kids – only: MP3 – du bist dabei!! **M**ilch **m**acht **m**üde **M**änner **m**unter! Stiftung ÖKO-Dienst beweist, dass von 39 getesteten Hautcremes nur eine wirklich überzeugt: Nur DIEDA-Hydrohypercreme hat bei allen Bewertungskriterien die volle Punktzahl erreicht.
Werbeplakate und **-anzeigen** fallen oft durch folgende Gestaltungsmerkmale auf: ■ eine auffallende Schrift und Farbe, ■ die Darstellung von Ungewöhnlichem oder sogar Widersprüchlichem, ■ harmonische und idyllische Bilder.	lila Kuh auf grüner Wiese ... Baby mit Schnurrbart Bilder von unberührter Natur
Werbespots im Radio, Kino oder Fernsehen setzen akustische Reize (Musik) und bewegte Bilder ein.	besonders harmonische Musik, fröhliches Kinderlachen, heitere Partyszenen, Hausarbeit als reines Vergnügen

ÜBUNG 17 **Ordne die einzelnen Ausdrücke den Abbildungen für eine Werbung zu und denke dir zum Schluss selbst einen passenden Werbespruch aus.**

Futter, wie Katzen es mögen – fit und gesund – reich an Vitaminen und Spurenelementen – alle Geräte werden regelmäßig gewartet – nette Atmosphäre – glänzendes Fell für ihre Katze – Erstellen eines individuellen Fitnessprogramms – eine wohlig schnurrende Katze – das ganze Jahr geöffnet – unterschiedliche Geschmacksrichtungen

Werbespruch:

Werbespruch:

ÜBUNG 18 **Erstelle Werbetextüberschriften, indem du möglichst das Stilmittel der Alliteration verwendest.**

1. Erdbeereis:
2. Mountainbike:
3. Duden, die deutsche Rechtschreibung:
4. MP3-Player:
5. Energydrink:

ÜBEN

ÜBUNG 19 **Gestalte den Werbetext für Haargel durch Einfügen von positiv besetzten Begriffen und Modewörtern werbewirksamer.**

Sophie: Morgen ist eine ____________ Party. Die ____________ Jungs aus der 7d kommen fast alle.

Lisa: Das ist doch ____________. Es wird bestimmt ein ____________ Abend.

Sophie: Im Prinzip schon, aber meine Haare. Sieh sie doch nur an, diese ____________. So kann ich mich nicht blicken lassen.

Lisa: Kein Problem! Du nimmst einfach ____________ und siehst aus wie ____________.

Sophie: Wenn du meinst. Du bist ____________. Her damit. Ich werde ____________.

Lisa: Und morgen bist du ____________ der Party und alle werden dich um ____________ beneiden.

ÜBUNG 20 **Verfasse einen zum Plakat passenden kurzen Werbetext für das Auto.**

ÜBUNG 21 **Erstelle aus folgenden sachlichen Angaben eine Werbung für ein Paar Sportschuhe. Benutze dazu dein Übungsheft.**

atmungsaktives Netzgewebe – biegsame Sohle – Einlegesohlen sorgen für Luftigkeit – auch in Zwischengrößen erhältlich – mehrere Farbkombinationen möglich – Preis pro Paar 69 Euro

ÜBEN

Check-up Umgang mit Medien

75 Minuten

AUFGABE 1 **Nenne alle Fragen, auf die ein ausführlicher Bericht Antwort geben muss.**

1.
2.
3.
4.
5.
6.
7.

AUFGABE 2 **Schreibe aus dem Bericht die Antworten auf die W-Fragen heraus.**

Am Montagmorgen um 7.30 Uhr wurde in der Berliner Straße in Höhe der Moorstraße ein 13-jähriger Radfahrer von einem Lkw angefahren. Der nach rechts abbiegende Lkw-Fahrer hatte den Jungen auf dem Radweg rechts neben sich erst zu spät gesehen. Das Vorderrad des Jungen wurde vom Lkw erfasst und der Junge fiel glücklicherweise nach rechts auf den Bürgersteig. Da er einen Helm trug, zog er sich nur Prellungen an Schulter und Hüfte zu. Die Polizei teilte mit, dass die Fahrrad- und Kfz-Ampel parallel geschaltet seien.

AUFGABE 3 **Mache aus diesem Anti-Werbetext einen begeisternden und mitreißenden Werbetext. Benutze dazu dein Übungsheft.**

Im Kino gibt es einen superlangweiligen neuen Film. Fünf tierische Freunde erleben einen Zufall nach dem anderen. Einer langweiliger als der andere. Ein Zeichentrickfilm, wie man ihn schon oft erlebt hat. Viele bekannte Situationen und Witze. Mit den Stimmen von Tagesschausprechern und Radiomoderatoren.

AUFGABE 4 Verfasse selbst einen Werbetext zu diesem Plakat. Beschreibe zunächst die Atmosphäre der Landschaft mit positiven Ausdrücken und zeige dann auf, was man dort alles erleben kann. Verwende die Befehlsform.

AUFGABE 5 Verfasse anhand der Angaben im Wortspeicher eine Reportage zum Pferderennen. Ergänze jeweils Angaben zur Atmosphäre und Stimmung. Schreibe in dein Übungsheft. Beginne in folgender Weise: Strahlender Sonnenschein erfreute die 15 000 Besucherinnen und Besucher ...

> 15 000 Besucherinnen und Besucher auf der Rennbahn am Stadtwald – strahlender Sonnenschein – einige Damen mit auffallenden Hüten – Rahmenprogramm mit Showband und Kinderbelustigung – 24 leistungsstarke Pferde mit erfahrenen Jockeys am Start – insgesamt vier Rennen über unterschiedliche Distanzen – Spannung auf der Zielgeraden – unerwartete Sieger und dadurch hohe Gewinne bei den Wettbüros

AUFGABE 6 Die städtischen Zuschüsse in Höhe von 1500 Euro zur Ausbildung und Ausstattung von Schülerlotsen am Stadtwald-Gymnasium sollen gestrichen werden. Schreibe einen Kommentar für die Schülerzeitung. Benutze dazu dein Übungsheft.

TESTEN

5.1 Grundlagen: Person – Numerus – Tempus

Bei der Bestimmung von Verbformen unterscheidet man zunächst die **Person**, den **Numerus** und das **Tempus**.

Singular	*Plural*
ich laufe	**wir** laufen
du läufst	**ihr** lauft
er/sie/es läuft	**sie** laufen

Präsens

Das **Präsens** bezeichnet
- ein Geschehen, das sich gerade ereignet,
- allgemein gültige Aussagen,
- ein Geschehen in der Zukunft, wenn dies aus dem Satzzusammenhang klar wird.

Peter **geht** zur Schule.
Alle Kinder **gehen** zur Schule.
Nächstes Jahr **geht** auch meine kleine Schwester zur Schule.

Es wird gebildet mit dem Wortstamm und den Personalendungen.

Infinitiv: gehen
Wortstamm: geh-~~en~~

ich geh-**e**	du geh-**st**	er/sie/es geh-**t**
wir geh-**en**	ihr geh-**t**	sie geh-**en**

Vergangenheitsformen

Das **Perfekt** bezeichnet
- ein in der Vergangenheit abgeschlossenes Geschehen, dessen Folgen bis in die Gegenwart reichen.

Ich **bin** nach Hause **gelaufen.**

- in Verbindung mit Präsensformen ein Geschehen, das vor der aktuellen Handlung passiert ist.

Ich bin müde, weil ich den weiten Weg bis nach Hause **gelaufen bin.**

Es wird gebildet mit einer Personalform der Hilfsverben *haben* oder *sein* und dem Partizip II.

Singular	*Plural*
ich bin gelaufen	wir haben gekauft
du bist gelaufen	ihr habt gekauft
er/sie/es ist gelaufen	sie haben gekauft

Das **Präteritum** bezeichnet ein in der Vergangenheit bereits abgeschlossenes Geschehen. Es wird häufig beim Erzählen gebraucht, deshalb nennt man es auch das **Erzähltempus.**

Es **war** einmal eine Frau, die **lebte** einsam in ihrem kleinen Haus am Waldesrand. Die einzige Abwechslung, die sie **hatte, war** das Gespräch mit den Tieren des Waldes. Jeden Tag **kamen** die Tiere …

Man unterscheidet drei Verbgruppen:

- Die **schwachen Verben** (swv.) bilden das Präteritum durch Einfügen eines *-t(e)-* zwischen Wortstamm und Personalendung.

Infinitiv: leben, Stamm: leb~~en~~ → leb-
ich leb-*t*-**e** – du leb-*te*-**st** – er/sie/es leb-*t*-**e**
wir leb-*t*-**en** – ihr leb-*te*-**t** – sie leb-*t*-**en**

- Die **starken Verben** (stv.) bilden das Präteritum durch Veränderung des Stammvokals. Die Personalendung wird an den veränderten Stamm angehängt. In der ersten und dritten Person Singular fällt die Personalendung weg.

Infinitiv: singen, Stamm: sing~~en~~ → sing
Stammvokalveränderung: sang-
ich sang – du sang(e)**st** – er/sie/es sang
wir sang-**en** – ihr sang(e)**t** – sie sang-**en**

- Die **besonderen Verben** (besv.) bilden das Präteritum durch Veränderung des Stammvokals und Einfügen eines *-t(e)-* zwischen Wortstamm und Personalendung.

Infinitiv: kennen, Stamm: kenn~~en~~ → kenn-
Stammvokalveränderung: kann-
ich kann-*t*-**e** – du kann-*te*-**st** – ...
wir kann-*t*-**en** – ihr kann-*t*-(e)**t** – ...

Das **Plusquamperfekt** wird gebraucht um über ein Geschehen zu erzählen bzw. zu berichten, das zeitlich vor einer vergangenen Handlung liegt.

Ich war pitschnass, als ich nach Hause kam, weil ich auf meinem Heimweg in einen starken Regenschauer **geraten war.**

Es wird gebildet aus der Präteritumform der Hilfsverben *haben* oder *sein* und dem Partizip II des Vollverbs.

Leider **hatte** ich, als ich von zu Hause **losgegangen war,** meinen Schirm **vergessen.**

Das Partizip II wird gebildet mit der Vorsilbe *ge-*, dem (bei starken Verben: veränderten) Stamm sowie der Endung -t (swv. + besv.) bzw. **-en** (stv.).

ge-leb-**t**
ge-sung-**en**
ge-kann-**t**

Futur I und II

Das **Futur I** bezeichnet ein Geschehen, das in der Zukunft liegt.

Am kommenden Samstag **werde** ich an einem Wettbewerb **teilnehmen.**

Es wird gebildet mit einer Form des Hilfsverbs *werden* und dem Infinitiv des Vollverbs.

Zusammen mit meinen Mannschaftskameraden **werde** ich gute Chancen auf den Sieg **haben.**

Das **Futur II** bezeichnet ein Geschehen, das in der Zukunft als bereits abgeschlossenes Geschehen angesehen wird.

Wenn die anderen noch schlafen werden, **werde** ich schon meine ersten Runden **gedreht haben.**

Es wird gebildet durch die Futurformen der Hilfsverben *haben* oder *sein* und das Partizip II.

Und wenn sie dann endlich aufstehen, **wird** für mich schon alles **gelaufen sein.**

ÜBUNG 1 **Setze die korrekte Personalform ein.**

Pit und Katrin __________ (gehen) in die Stadt. Sie __________ (kaufen) ein Geburtstagsgeschenk für Oma Helga, die Halsketten __________ (mögen). Katrin __________ (betrachten) die Auslagen in einigen Geschäften und __________ (finden) alles sehr teuer. Ihr __________ (gefallen) eine Kette mit bunten Glassteinen. „Das ist doch nichts für Oma!“, __________ (bemerken) Pit, der Schmuck für überflüssig __________ (halten). „Du hast keine Ahnung, was Frauen __________ (lieben)“, __________ Katrin ihm __________ (vorwerfen).

ÜBUNG 2 **Bringe die Buchstaben in die richtige Reihenfolge, sodass du eine sinnvolle Aussage zum Gebrauch des Tempus Präteritum erhältst.**

Das **Mueriträpt** bezeichnet ein in der Vergangenheit bereits abgeschlossenes **Ehescheng.** Es wird häufig beim **Heräzeln** gebraucht, deshalb nennt man es auch das **Herälzuspemt.**

Das __________ bezeichnet ein in der Vergangenheit bereits abgeschlossenes __________. Es wird häufig beim __________ gebraucht, deshalb nennt man es auch das __________.

ÜBUNG 3 **Welche drei Verbgruppen werden unterschieden? Ergänze die Bezeichnungen und ordne anschließend die folgenden Verben aus dem Wortspeicher richtig ein.**

lachen – nennen – fliegen – bringen – essen – suchen – sorgen – beißen – wenden

______ Verben	______ Verben	______ Verben

ÜBEN

ÜBUNG 4 **Bestimme die angegebenen Verbformen. Schreibe die Bestimmungen in dein Übungsheft.**

1. wir sind gekommen
2. du hast gewonnen
3. ihr seid gewandert
4. ich habe gelacht
5. sie hat geschrieen
6. sie sind geklettert

ÜBUNG 5 **Beschreibe, was du auf den Abbildungen siehst, und bestimme das Tempus der verwendeten Verbformen.**

WISSEN +

Infinite Verbformen

Neben den Personalformen des Verbs, den so genannten finiten Formen, gibt es auch infinite Formen, das sind Verbformen, die unabhängig von der handelnden Person immer gleich bleiben.

Zu diesen Verbformen gehören

der Infinitiv = Stamm + (e)n,	lauf-en – kletter-n – rodel-n
der Imperativ Singular = Stamm + (e)	lauf(e) – kletter(e) – rod(e)l-e
der Imperativ Plural = Stamm + t	lauf-t – kletter-t – rodel-t
das Partizip I = Stamm + (e)nd	lauf-end – kletter-nd – rodel-nd
das Partizip II (↑S. 64)	ge-lauf-en – ge-kletter-t – ge-rodel-t

ÜBUNG 6 **Ergänze in der folgenden Tabelle die fehlenden Verbformen.**

Imperativ Sg.	Imperativ Pl.	Partizip I	Partizip II
	lacht		
			getanzt
		beißend	

ÜBUNG 7 **Vervollständige die Rede des neu gewählten Bundeskanzlers nach Bekanntgabe des Ergebnisses (Auszug).**

Liebe Mitbürgerinnen und Mitbürger an den Bildschirmen daheim, keiner ______ (wissen), was die Zukunft ______ (bringen). Aber ich ______ (versprechen) Ihnen hier und jetzt, dass alles besser ______ (werden). Wir ______ (stehen) vor großen Herausforderungen, aber ich ______ (versichern), dass ich die gestellten Aufgaben zum Wohle des Volkes ______ (bewältigen). Die Schuldenlast ______ (verringern) und die Arbeitslosenzahlen ______ (sinken) gegen null. Zahlreiche Lehrerinnen und Lehrer ______ (einstellen). Ich ______ (hoffen) sehr, dass Sie alle mich bei der Verwirklichung meiner Wahlversprechen ______ (unterstützen).

ÜBUNG 8 **Die Hälfte deiner Feriensprachreise nach England ist zu Ende. Schreibe deiner Oma einen Brief. Beschreibe darin die Vorbereitungen deiner Reise, was du gegenwärtig machst und was du noch während deines Aufenthaltes planst. Schreibe deinen Brief in dein Übungsheft. Beginne folgendermaßen:**

> Liebe Oma,
> heute ist die Hälfte meines Ferienaufenthaltes vorbei, und ich möchte dir endlich einen Brief schreiben. Bevor wir hier ankamen …

5.2 Modus: Indikativ – Konjunktiv I und II

Der Begriff Modus bezeichnet die Aussageweise des Verbs.	
Für eigene Aussagen wählt man den Modus **Indikativ.** Er ist die Grundform einer sprachlichen Äußerung.	Ich habe es genau gesehen, der Ball **ist** hinter der Linie gewesen.
Konjunktiv I und II	
Man benutzt den **Konjunktiv I,** wenn man die Aussage einer anderen Person wiedergibt **(indirekte Rede).**	Er behauptete, der Ball **sei** nicht hinter der Linie gewesen.
Der Konjunktiv I wird gebildet, indem an den Präsensstamm die Personalendungen des Konjunktivs -e, -est, -en, -et angehängt werden.	ich sag-**e** – wir sag-**en** du sag-**est** – ihr sag-**et** er/sie/es sag-**e** – sie sag-**en**
Die Formen des Konjunktivs I gibt es in den Tempusformen Präsens (1), Perfekt (2) und Futur (3).	(1) Er sagt, er habe gute Laune. (2) Er sagt, er habe gute Laune gehabt. (3) Er sagt, er werde gute Laune haben.
In der ersten Person Singular Präsens sowie der ersten und dritten Person Plural Präsens ist die Konjunktiv-I-Form mit der Indikativ-Präsens-Form identisch, daher wählt man als Ersatz für die Konjunktiv-I-Form die Konjunktiv-II-Form.	Ich sagte, ich habe gute Laune. Ich sagte, ich hätte gute Laune. Wir/Sie sagten, wir/sie haben gute Laune. Wir/Sie sagten, wir/sie hätten gute Laune.
Der **Konjunktiv II** wird gebildet, indem an den Präteritumstamm die Personalendungen des Konjunktivs -e, -est, -en, -et angehängt werden. Bei starken Verben wird der Stammvokal zu einem Umlaut.	spielen: Prät.: ich spielte Prät.-Stamm: spielt- Konjunktiv: ich spielt-**e** – du spielt-**est** ... kommen: Prät.: ich kam Prät.-Stamm: kam- Konjunktiv: ich käm-e – du käm-est ...
In der ersten Person Singular Präteritum sowie der ersten und dritten Person Plural Präteritum ist die Konjunktiv-II-Form mit der Indikativ-Form identisch, daher wählt man als Ersatz die Umschreibung mit *würde.*	ich spielte – wir spielten – sie spielten Indikativ Präteritum = Konjunktiv II ich würde spielen – wir würden spielen – sie würden spielen

ÜBUNG 9 **In welchen Tempustypen gibt es den Konjunktiv I? Bilde für jede Tempusform einen Beispielsatz.**

Konjunktiv I

Er sagt: „Ich habe Durst.“ (Tempus)

1. Er sagt, ________. (________)
2. Er sagt, ________. (________)
3. Er sagt, ________. (________)

ÜBUNG 10 **Bilde die Personalformen des Konjunktivs I. Verbinde mit Linien.**

ich	du	er/sie/es	wir	ihr	sie

frag-

est	en	et	e	en	e

ÜBUNG 11 **Bilde den Indikativ und Konjunktiv I Präsens von gehen.**

Indikativ Präsens		Konjunktiv I Präsens	
ich	wir	ich	wir
du	ihr	du	ihr
er/sie/es	sie	er/sie/es	sie

ÜBEN

ÜBUNG 12 **Du sitzt mit deinen Großeltern am Abendbrottisch. Da Opa schwerhörig ist, musst du helfen und dabei den Konjunktiv I gebrauchen.**

Oma: „Die schmeckt richtig gut, die Wurst."
Opa: „Ja, ich habe richtig viel Durst."

Enkel zu Opa: „ Oma meint, die Wurst schmecke gut ."

Oma: „Oder bevorzugst du Marmelade."
Opa: „Ich esse doch zum Abendbrot keine Schokolade!"

Enkel zu Opa: „ ."

Oma: „Der Käse ist von Feinkost Franken."
Opa: „Ja, dem lieben Gott muss man immer danken."

Enkel zu Opa: „ ."

Oma: „Morgen wird das Wetter schön."
Opa: „Du willst mit mir ins Kino geh'n?"

Enkel zu Opa: „ ."

Oma: „Ich will nachher eine Partie Canasta spielen."
Opa: „Aber ich helfe doch nie beim Spülen!"

Enkel zu Opa: „ ."

Oma: „Morgen kommen Müllers zu Besuch."
Opa: „Ich werde auch nie aus dir klug."

Enkel zu Opa: „ ."

ÜBEN

ÜBUNG 13 **Setze die fehlenden Formen in die Tabelle ein.**

Person	Ind. Präsens	Konjunktiv I	Ind. Präteritum	Konjunktiv II
sie (Pl.)	können	können	konnten	könnten
er/sie/es				führe
du	bist			
ihr			trugt	
ihr	lauft			
er/sie/es		solle		
wir				sprächen
sie (Pl.)	werden			
ich			stieg	
du		habest		
ich		sei		
wir			hatten	

ÜBUNG 14 **Der Lehrling muss den Meister fragen. Setze die Fragen des Autofahrers in die indirekte Rede, verwende Hauptsätze im Konjunktiv. Benutze dein Übungsheft.**

Beispiel: Autofahrer: „Können Sie das Auto reparieren?“
Lehrling zum Meister: „Der Kunde fragt, ob wir das Auto reparieren können.“

„Zahlt die Versicherung den Schaden?"
„Rufen Sie mich an, wenn der Wagen fertig ist?"
„Wie teuer wird dann wohl die gesamte Reparatur?"
Rudi's Garage
„Können Sie das Auto reparieren?"
„Wie lange benötigen Sie für die Bestellung?"
„Muss das Ersatzteil bestellt werden?"
„Kann ich einen Ersatzwagen erhalten?"

5.3 Aktiv und Passiv

Das Aktiv und das Passiv ermöglichen unterschiedliche Blickrichtungen auf ein Geschehen.	
Man benutzt das **Aktiv,** wenn derjenige, der etwas tut (Handlungsträger), im Mittelpunkt des Interesses steht.	Der Mittelstürmer verwandelt den entscheidenden Elfmeter zum 6:5-Erfolg der Heimmannschaft.
Man benutzt das **Passiv,** ■ wenn die Handlung oder der Vorgang selbst im Vordergrund steht,	Der entscheidende Elfmeter zum 6:5 der Heimmannschaft **wurde** souverän **verwandelt.**
■ wenn es gleichgültig erscheint oder nicht genau zu sagen ist, wer handelt.	Am Sonntagabend **wurde** in das Kassenhäuschen am Stadion **eingebrochen.**
Die Passivformen werden gebildet aus der konjugierten Form des Hilfsverbs *werden* und dem Partizip II.	ich **werde** gelobt – wir **werden** gelobt du **wirst** gelobt – ihr **werdet** gelobt er/sie/es **wird** gelobt – sie **werden** gelobt

Passivformen gibt es in allen Tempusformen:	*Aktiv*	*Passiv*
■ Präsens	du lobst	du wirst gelobt
■ Perfekt	du hast gelobt	du bist gelobt worden
■ Präteritum	du lobtest	du wurdest gelobt
■ Plusquamperfekt	du hattest gelobt	du warst gelobt worden
■ Futur I	du wirst loben	du wirst gelobt werden
■ Futur II	du wirst gelobt haben	du wirst gelobt worden sein

Einige Verben können **keine Passivformen** bilden: ■ Verben, die mit dem Reflexivpronomen *sich* verbunden werden (reflexive Verben)	Martin **kauft sich** eine Eintrittskarte. *Passiv:* ~~Eine Eintrittskarte wurde von Martin für sich gekauft.~~
■ Verben, die ihr Perfekt mit *sein* bilden	Die Zuschauer **sind** alle auf ihre Plätze **gegangen.** *Passiv:* ~~Von allen Zuschauern ist auf ihre Plätze gegangen worden.~~

In einem Passivsatz kann auf die Angabe des Handlungsträgers verzichtet werden, ■ wenn man ihn nicht kennt, ■ wenn man geheim halten will, wer für etwas verantwortlich ist, oder ■ wenn es unwichtig ist, wer etwas tut (z. B. in Gebrauchsanweisungen). Man spricht dann von einem **täterlosen Passiv.**	Die Bahnunterführung **ist** schon wieder mit Graffiti **besprüht worden.** „Papa, die Scheibe im Kellerfenster **ist eingeschossen worden.**" Die einzelnen Zutaten **werden** zu einer locker-cremigen Füllung **verarbeitet.**
Soll der Handlungsträger genannt werden, kann er mit den Präpositionen *durch* oder *von* eingefügt werden. Man spricht dann von einem **täterabgewandten Passiv.**	Die Motortechnik ist **durch** einen Experten gründlich überprüft worden. Pia ist **von** ihrer Freundin zum Eisessen eingeladen worden.
Man unterscheidet zwischen dem Vorgangs- und dem Zustandspassiv. ■ Das **Vorgangspassiv** beschreibt einen Vorgang oder eine Handlung. Es wird gebildet mit der konjugierten Form von *werden* und dem Partizip II. ■ Das **Zustandspassiv** beschreibt einen Zustand oder ein Ergebnis. Es wird gebildet mit der konjugierten Form von *sein* und dem Partizip II.	Vorgang: Das Tor **wird** erzielt. Zustand: Das Tor **ist** erzielt. Vorgang: Die Tür **wurde** geöffnet. Zustand: Die Tür **war** geöffnet. Vorgang: Der Antrag ist abgelehnt **worden.** Zustand: Der Antrag ist abgelehnt **gewesen.** Vorgang: Ich werde ausgezeichnet **werden.** Zustand: Ich werde ausgezeichnet **sein.**
Beim Umwandeln eines Aktivsatzes in einen Passivsatz wird ■ das Akkusativobjekt des Aktivsatzes zum Subjekt des Passivsatzes, ■ die Aktivverbform zur Passivverbform. ■ Das Subjekt wird im Passivsatz nicht genannt oder durch eine Wendung mit den Präpositionen *von* oder *durch* ergänzt. ■ Alle anderen Satzglieder bleiben unverändert.	*Aktiv* Der Titelverteidiger (S) erzielte (P) beim Sportfest (adv. Best.) ein sehr gutes Ergebnis (Akk.-Obj.). *Passiv* Ein sehr gutes Ergebnis (S) wurde ... erzielt (P) vom/durch den Titelverteidiger beim Sportfest (adv. Best.). Ein sehr gutes Ergebnis wurde beim Sportfest vom Titelverteidiger erzielt.

ÜBUNG 15 Entscheide, ob die Handlung oder der Handelnde (Handlungsträger) im Vordergrund steht und kreuze entsprechend Aktiv oder Passiv an.

	Aktiv	Passiv
1. Die Blume wird gepflückt.	☐	☐
2. Maria pflückt die Blumen.	☐	☐
3. Paul kauft Spaghetti im Bioladen.	☐	☐
4. Spaghetti aus dem Bioladen werden gerne gekauft.	☐	☐
5. Langsam werden die Autos an der Unfallstelle vorbeigeleitet.	☐	☐
6. Die Polizei sorgt für eine schnelle Umleitung der Autos.	☐	☐

ÜBUNG 16 Verwandle die Sätze so, dass die Handlung im Vordergrund steht.

Die Lehrerin plant pro Halbjahr drei Klassenarbeiten in der Klasse 7.

Wenn es sich einrichten lässt, berücksichtigt sie dabei Wünsche und Vorlieben der Schüler.

In manchen Klassen suchen die Schüler gemeinsam eine Lektüre aus.

Meistens lesen die Schüler gern und stellen einzelne Kapitel in Form einer Inhaltsangabe vor.

Die anschließende Klassenarbeit lieben die meisten Schülerinnen und Schüler allerdings überhaupt nicht.

ÜBUNG 17 Ergänze folgenden Regelsatz.

Die Passivformen werden gebildet aus der _____ Form des Hilfsverbs _____ und dem _____ .

ÜBUNG 18 **Setze die angegebenen Verbformen ins Passiv.**

Infinitiv	Pers./Num./Temp.	Aktiv	Passiv
öffnen	3./Pl./Präteritum	sie öffneten	sie wurden geöffnet
küssen	1./Pl./Plquperf.		
legen	3./Pl./Futur II		
rufen	1./Sg./Perfekt		
untersuchen	2./Pl./Präsens		
zählen	3./Sg./Futur I		
besiegen	3./Sg./Plquperf.		

ÜBUNG 19 **Unterstreiche im folgenden Text die Subjekte. Setze den Text anschließend ins Aktiv. Benutze dazu dein Übungsheft.**

Einige Wochen nach Schuljahresbeginn wird unser Schülersprecher von den Klassensprechern gewählt. Von jeder Klasse werden zwei Vertreter vom Rektor in die Aula gerufen. Dort werden einzelne Kandidaten von den Anwesenden vorgeschlagen und deren Namen werden von einem Mitglied der SV an die Tafel geschrieben. Stimmzettel werden von den Klassensprechern ausgefüllt und der Lieblingskandidat wird von ihnen angekreuzt. Die Stimmzettel werden von weiteren SV-Mitgliedern eingesammelt und ausgezählt. Das Ergebnis wird vom Rektor verkündet und der Sieger wird von allen beglückwünscht.

ÜBUNG 20 **Vervollständige die Regelsätze.**

Das __________ beschreibt einen Vorgang oder eine __________ und wird gebildet mit der konjugierten Form von __________ und dem Partizip II. Das __________ beschreibt einen Zustand oder ein __________ und wird gebildet mit der konjugierten Form von __________ und dem Partizip II.

ÜBEN

ÜBUNG 21 **Bilde zu den folgenden Sätzen im Vorgangspassiv das Zustandspassiv.**

1. Das Buch wird veröffentlicht.
2. Der Schüler wurde von ihrem Lob überrascht.
3. Die Buchausstellung wurde beendet.
4. Ich bin überrascht worden.
5. Der Hund ist in den Keller gesperrt worden.

ÜBUNG 22 **Erkläre mithilfe der vorgegebenen Stichworte das Mannschaftsspiel „Völkerball". Schreibe im Präsens und benutze Passivformen, wenn es sinnvoll erscheint.**

Völkerballspiel – zwei Mannschaften – vier Mitspieler – bilden

Beim Völkerballspiel werden zwei Mannschaften mit je vier Mitspielern gebildet.

von den Schülern – ein Spieler – Hintermann – wählen

gegenüberliegende Grundlinie – aufstellen

Spieler – abwerfen – von der gegnerischen Mannschaft – Spielfeld verlassen

geschicktes Zuspiel von Feld- und Außenspielern – Gegenmannschaft jagen

einsetzen – Hintermann – auf dem Feld – wenige Spieler

festgelegte Zeit – Feldspieler zählen – ermitteln – Sieger

ÜBEN

Check-up Konjugation

45 Minuten

AUFGABE 1 **Bestimme die Verbformen nach Person, Numerus und Tempus.**

1. ich bin gelaufen
2. sie hatte geredet
3. wir trinken
4. sie tanzten
5. du warst verspätet
6. ich werde lachen

AUFGABE 2 **Wandle die Verbformen vom Indikativ in den Konjunktiv um.**

1. sie ruft
2. du lebst
3. ihr träumt
4. er spielt
5. er hat gelacht
6. du bist gegangen

AUFGABE 3 **Entscheide, ob es sich um Aktiv oder Passiv handelt, und wandle die Aktivsätze in Passivsätze um und umgekehrt. Benutze dein Übungsheft.**

	Aktiv	Passiv
1. Der Zeuge wird seine Aussage widerrufen.		
2. Tatsachen werden von Tatbeteiligten oft verfälscht dargestellt.		
3. Der Täter wird sein Verbrechen zugeben.		
4. Er wird auch seine Mitwisser belasten.		
5. Ihnen wird die Strafe vom Richter erlassen.		
6. Sie werden die Gerichtsverhandlung in Erinnerung behalten.		

AUFGABE 4 **Unterstreiche alle Verbformen und setze sie dann ins Passiv. Benutze dazu dein Übungsheft. Welches Verb kannst du nicht ins Passiv setzen?**

Maike freut sich auf die Ferien. Sie besucht mit ihrer Freundin Eva einen Reiterhof im Sauerland. Die beiden erwarten einen tollen Urlaub auf dem ganz idyllisch an einem großen Waldgebiet gelegenen Hof. Die Mädchen lieben es, mit ihren Pferden durch die schöne Landschaft zu reiten. Ein wenig fürchtet sich Maike vor den ihr unbekannten Pferden, aber zusammen mit Eva bildet sie ein starkes Team.

AUFGABE 5 **Bilde folgende Verbformen, ändere von Kasten zu Kasten jeweils nur das Angegebene.**

1. Sg. Prät. Ind. Akt. von gehen	Tempus: Perfekt	Person: 3. Plural	Verb: kaufen	Aktiv → Passiv
ich ging				
3. Sg. Präs. Konj. Akt. von rufen	Person: 1. Plural	Modus: Indikativ	Aktiv → Passiv	Tempus: Futur II
er rufe				

AUFGABE 6 **Hanna trifft ihre Tante Sabine. Die Tante gibt den Inhalt des Gesprächs an Oma weiter. Wandle Hannas Aussagen in die indirekte Rede um, verwende Hauptsätze im Konjunktiv. Achte auf den Perspektivwechsel (Wechsel der Personalpronomen)!**

„Morgen gehe ich wieder ins Schwimmbad."

Hanna sagt, sie gehe morgen wieder ins Schwimmbad.

„Das ist klasse, man trifft dort immer Freundinnen."

„Heute waren Helen und Claire da, hoffentlich kommen die morgen wieder."

„Das Schwimmbad ist sehr groß, aber bis vor Kurzem war der Innenbereich geschlossen, weil es einen Brand gegeben hatte."

„Wenn der Bademeister gute Laune hat, lässt er viele Spielelemente ins Wasser."

„Das Schwimmbad wird auch von Vereinen genutzt, weil es ein 50-Meter-Becken für Wettkämpfe hat."

6

Satzglieder – Gliedsätze

6.1 Satzglieder

Satzglieder sind Wörter oder Wortgruppen, die in einem Satz eine bestimmte Funktion übernehmen. Sie bleiben bei Satzumstellungen immer zusammen oder können durch ein Pronomen oder Adverb ersetzt werden.	**Heute Nachmittag**/habe/ich/meinen Wagen/*in die Werkstatt*/gebracht. Ich/habe/meinen Wagen/**heute Nachmittag**/*in die Werkstatt*/gebracht. **Dann** habe ich ihn *dorthin* gebracht.

Subjekt – Prädikat – Objekt

Das **Subjekt** benennt in einem Satz denjenigen, der etwas tut.	**Der Kfz-Mechaniker** schaute zunächst auf das TÜV-Siegel.
Das **Prädikat** gibt an, was getan wird.	Er **überprüfte** außerdem das Reifenprofil.
Das **Objekt** drückt aus, mit wem oder was etwas getan wird. Es gibt: ■ **Genitivobjekte** (Wessen?) (1) ■ **Dativobjekte** (Wem?) (2) ■ **Akkusativobjekte** (Wen oder was?) (3) ■ **präpositionale Objekte** (4)	(1) Zur Reparatur bedurfte es **eines Zeitraums** von etwa zwei Stunden. (2) Er gab **mir** den Rat, in der Zwischenzeit noch etwas zu erledigen. (3) **Den Motor** schaute er sich gut an. (4) Er rechnete **mit einer aufwendigen Reparatur.**

Adverbiale Bestimmung – Attribut

Adverbiale Bestimmungen machen nähere Angaben ■ zum Ort (Wo? Wohin?) (1) ■ zur Zeit (Wann?) (2) ■ zur Art und Weise (Wie?) (3) ■ zum Grund (Warum?) (4)	(1) Der Mechaniker stellt den Wagen **auf die Hebebühne.** (2) **Kurz vor dem Feierabend** hat er die Reparaturarbeiten abgeschlossen. (3) Er hatte alle Arbeiten **sehr gründlich** ausgeführt. (4) **Deshalb** gab ich ihm Trinkgeld.
Das **Attribut** ist ein Satzgliedteil, das nähere Informationen zu einem Substantiv, Pronomen oder Adjektiv liefert.	Mit einem **freundlichen** Lächeln verabschiedete ich mich von dem **fleißigen** Handwerker.

ÜBUNG 1 **Grenze in den folgenden Sätzen die Satzglieder mithilfe der Umstellungsprobe voneinander ab.**

1. Der Autohändler bietet einen gut erhaltenen Oldtimer zum Kauf an.

   Einen gut erhaltenen Oldtimer / bietet / der Autohändler / zum Kauf / an.

2. Viele Kunden kommen, um dieses gute Stück zu betrachten.

3. Mit Sachverstand sehen die Kunden sich den ungewöhnlichen Wagen an.

4. Die meisten würden dieses Auto am liebsten sofort kaufen.

5. Aber der Autohändler verlangt 25000 Euro für das historische Fahrzeug.

ÜBUNG 2 **Grenze die Satzglieder voneinander ab. Benutze die Wörter in Klammern, um die Ersatzprobe in deinem Übungsheft durchzuführen.**

1. Viele Autoexperten kommen jedes Jahr zum Oldtimer-Rennen auf dem Nürburgring. (sie, dann, dorthin)
2. Auch viele Jugendliche finden sich in der Eifel ein. (sie, dort)
3. In den oftmals recht kalten und regnerischen Eifelnächten schlafen sie in ihren Zelten und kuschelig warmen Schlafsäcken. (nachts, dort)

ÜBUNG 3 **Beschreibe mit einem Satz, was du auf den Abbildungen siehst. Bestimme dann die Satzglieder in den Sätzen. Benutze dein Übungsheft.**

WISSEN +

Satzglieder unterscheiden

Attribute, adverbiale Bestimmungen und präpositionale Objekte sind manchmal schwer zu unterscheiden, weil sie alle die gleiche Form haben können.

- Nach einem **Attribut** fragt man mit den Fragewörtern „welche(r)?", „was für eine(r)?" (1).
- Nach einer **adverbialen Bestimmung** fragt man mit den Fragewörtern „wo?", „wann?", „wie?", „warum?" usw. (2).
- Nach einem **präpositionalen Objekt** fragt man mit einem Fragewort, das die Präposition enthält (3).

(1) Der Reisebus mit der Jugendgruppe fährt auf der Autobahn.
Welcher Bus? – der Bus mit der Jugendgruppe → *Attribut*

(2) Ich werde die Sommerferien mit der Jugendgruppe verbringen.
Wie werde ich die Ferien verbringen? – mit der Jugendgruppe → *adverbiale Bestimmung*

(3) Ich infomiere mich vorher über das Reiseziel.
Worüber/Über was informiere ich mich? → *präpositionales Objekt*

ÜBUNG 4 **Bestimme die unterstrichenen Satzglieder. Unterscheide zwischen adverbialen Bestimmungen (adv. B.), Attributen (Attr.) und präpositionalen Objekten (präp. O.).**

1. Der Kfz-Mechaniker arbeitet mit großer Sorgfalt ( ) an der Reparatur des Wagens.
2. Er verfügt über exzellentes Fachwissen ( ).
3. Ein Auszubildender holt die Kiste mit dem Werkzeug ( ).
4. Durch die gute Zusammenarbeit ( ) schafft das Team die schwierige Reparatur in weniger als zwei Stunden ( ).

ÜBUNG 5 **Bilde aus den folgenden Bausteinen drei sinnvolle Sätze und bestimme dann die Satzglieder. Benutze dazu dein zusätzliches Übungsheft.**

Herr Böhm | Den Mitarbeitern | er | sein Auto | und | lässt | erteilt | sollen kontrolliert werden | Auch das Kühlwasser | überprüfen | und die Scheibenwaschanlage | den Auftrag | Vor seiner Urlaubsreise | zu kontrollieren | in der Werkstatt | das Reifenprofil

6.2 Attributsätze

Attribute

Attribute geben nähere Erläuterungen zu einem Substantiv, Pronomen oder Adjektiv. Sie können gebildet werden	
■ durch ein **Pronomen,**	**mein** Auto – **dieses** Motorrad – **etwas** Benzin
■ durch ein **Zahlwort** oder	der **erste** Platz – **drei** Räder – **viele** Kilometer
■ als **Adjektivattribute.**	die **grüne** Motorhaube – die **hohe** Geschwindigkeit – der **stärkere** Motor – das **teuerste** Modell
Diese Attribute stehen in der Regel **vor dem Bezugswort.**	
Nach dem Bezugswort stehen:	
■ **Genitivattribute** Sie bestehen im Kern aus einem Substantiv im Genitiv.	die Leistung **der Motoren** das Finale **des Rennens** der Endspurt **des Siegers** das Auto **des Weltmeisters**
■ **präpositionale Attribute** Sie werden mit einer Präposition an das Bezugswort angebunden.	das Werkzeug **für den Reifenwechsel** der Wagen **mit der bunten Lackierung** die Trainingsergebnisse **von gestern**
Eine besondere Form des Attributs ist die **Apposition.** Sie ist im Kern ein Substantiv, das mit dem Bezugswort in Kasus und Numerus übereinstimmt. Sie wird immer mit paarigem Komma eingegrenzt.	Heinz Müller, **der Chefingenieur des Rennstalls,** ist sehr optimistisch. Frank Peter, **ein begeisterter Rennfan,** fährt zum Hockenheim-Ring. Auch Sibylle Peter, **seine Ehefrau,** interessiert sich für den Rennsport.

Attributsätze

Enthält die nähere Erläuterung ein Prädikat, so wird sie satzwertig, ein **Attributsatz.**	Die Leistungen, **die der Fahrer gestern im Training zeigte,** waren hervorragend.
Die meisten Attributsätze sind **Relativsätze.** Sie werden eingeleitet durch ein Relativpronomen. Wie bei allen Nebensätzen steht die Personalform des Verbs an letzter Satzgliedstelle.	Der Erfolg, **den der Fahrer erzielte,** ist auch den tüchtigen Mechanikern zu verdanken. Am Ende gewann der Wagen, **auf den die meisten gewettet hatten.**
Attributsätze werden dem Bezugswort in der Regel nachgestellt und mit Kommas vom übergeordneten Satz abgetrennt.	Die Siegprämie, **die ausgezahlt wurde,** ermöglicht die Weiterentwicklung des Wagens.

ÜBUNG 6 **Markiere durch Pfeile, auf welche Wörter sich die unterstrichenen Attribute beziehen.**

Auf der großen Automobilausstellung wurde einem begeisterten Publikum ein neuer Geländewagen vorgestellt. Die äußere Form des Wagens ist im Vergleich zum Vorgängermodell weitgehend unverändert. Aber seine Innenausstattung und die Fahreigenschaften des Geländewagens konnten jetzt deutlich verbessert werden.

ÜBUNG 7 **Unterstreiche die Attribute und markiere mit Pfeilen das jeweilige Bezugswort.**

Der Wagen verfügt über einen modernen und relativ sparsamen Motor. Das Platzangebot im Innenraum ist wesentlich großzügiger als bei seinem Vorgängermodell. Der neue Wagen ist zwar immer noch gut zwei Tonnen schwer, aber er verbraucht „nur“ etwa zehn Liter Benzin auf 100 Kilometern.

ÜBUNG 8 **Beschreibe die abgebildeten Gegenstände möglichst genau, indem du ihnen die passenden Attribute zuweist.**

1. Ich sehe ein ______ Kind ______.
2. Ich erkenne ein ______ Auto ______.
3. Auf dem Bild ist eine ______ Traininingsjacke ______ ______ dargestellt.
4. Die Abbildung zeigt ______.
5. Der Zeichner hat ______ ______ dargestellt.

ÜBEN

ÜBUNG 9 **Ordne die Attribute aus den Übungen 6, 7 und 8 in die Tabelle ein.**

Pronomen	Genitivattribut	Zahlwort

Adjektiv	präpositionales Attribut

ÜBUNG 10 **Appositionen und Relativsätze werden mit Kommas vom übergeordneten Satz abgetrennt. Setze die fehlenden Kommas.**

1. Stefan und Dirk zwei Formel-1-Fans aus Köln machen sich schon früh am Morgen auf, um rechtzeitig zum Start an der Rennstrecke zu sein.
2. Wenn die Züge die sie benutzen wollen keine Verspätung haben, sind sie um 12.30 Uhr am Nürburgring dem Ort des Geschehens.
3. Aber schon der erste Zug auf den sie im Kölner Hauptbahnhof warten hat fast 20 Minuten Verspätung.
4. Jetzt ist es für die beiden fast unmöglich, den Anschlusszug der um 9.40 Uhr von Bonn aus fährt zu bekommen.
5. Sie hoffen, dass sie dennoch pünktlich zur Startzeit Punkt 14.00 Uhr an der Rennstrecke ankommen.

ÜBUNG 11 **Wandle in den folgenden Sätzen die unterstrichenen Attribute in Attributsätze (Relativsätze) um. Benutze dazu dein Übungsheft und achte auf die Zeichensetzung!**

1. Der Dienst habende Streckenposten muss sehr konzentriert sein.
2. Die Aufschrift auf dem Auto wirbt für eine Bekleidungsfirma.
3. Am Ende des Rennens wird überprüft, ob das Auto des Siegers den Regeln entspricht.
4. Der siegreiche Motorsportler wird mit einem Pokal und einer großen Flasche Champagner geehrt.

6.3 Adverbialsätze

Adverbiale Bestimmungen geben nähere Erläuterungen zum Ort, zur Zeit, zum Grund, zum Ziel, zur Folge, zur Art und Weise usw. eines Sachverhalts oder einer Handlung.	Auf dem Nürburgring fand gestern wegen des sehr schlechten Wetters und zur Vermeidung von Unfällen leider kein Autorennen statt, daraufhin reagierten die Zuschauer sehr unzufrieden und enttäuscht.
Sie können bestehen aus	
■ Adjektiven oder Partizipien,	unzufrieden, enttäuscht
■ Adverbien,	gestern, leider, daraufhin
■ Präpositionalgruppen.	auf dem Nürburgring
Wenn diese näheren Erläuterungen ein Prädikat enthalten, werden sie satzwertig, also **Adverbialsätze.**	Wegen des schlechten Wetters fiel das Rennen aus. *Oder:* Weil das Wetter so schlecht war, fiel das Rennen aus.
Die meisten Adverbialsätze sind Konjunktionalsätze. Sie werden eingeleitet durch eine **unterordnende Konjunktion,** die Personalform des Verbs steht an letzter Satzgliedstelle. Konjunktionalsätze werden mit Komma vom übergeordneten Satz abgetrennt.	
Man unterscheidet:	
■ Temporalsätze (Zeit: *als, bis, nachdem, während* usw.)	**Als** das Rennen gestartet werden sollte, ging gerade ein kräftiges Gewitter nieder.
■ Kausalsätze (Grund: *weil, da*)	**Weil** der Rennleiter die Verantwortung nicht übernehmen konnte, brach er die Startvorbereitungen ab.
■ Konditionalsätze (Bedingung: *wenn, falls*)	**Wenn** das Wetter mitspielt, soll das Rennen morgen wiederholt werden.
■ Finalsätze (Ziel/Zweck: *damit, dass*)	Damit die Meisterschaft regulär fortgeführt werden kann, muss das Rennen noch an diesem Wochenende ausgetragen werden.
■ Konsekutivsätze (Folge: *sodass*)	Die Eintrittskarten der Zuschauer behalten ihre Gültigkeit, **sodass** auch beim Wiederholungsrennen mit mehr als 80 000 Zuschauern gerechnet werden kann.
■ Modalsätze (Art und Weise: *indem*)	Die Veranstalter besänftigten das Publikum außerdem, **indem** sie den Zuschauern ein Getränk und eine Bratwurst spendierten.

ÜBUNG 12 **Sortiere die unterstrichenen adverbialen Bestimmungen nach ihrer Funktion. Übertrage die Tabelle mit breiteren Spalten in dein Übungsheft.**

1. Michael trainiert seit mehreren Wochen eifrig für das Gokart-Rennen auf dem Sachsenring.
2. Vorgestern konnte er die vorgegebene Rundenzeit zum ersten Mal erreichen.
3. Wegen seiner guten Form konnte er einen fehlerfreien Lauf hinlegen.
4. Zur Qualifikation für die deutsche Meisterschaft fehlt ihm jetzt noch ein einziges erfolgreiches Rennen.
5. Bei guten äußeren Voraussetzungen, so hofft er, wird er die Startberechtigung für das entscheidenden Rennen schon am nächsten Wochenende in der Tasche haben.
6. Bis dahin wird er allerdings konzentriert und zielstrebig weiterarbeiten müssen.
7. Das vorentscheidende Rennen findet in drei Wochen statt.
8. Bis dahin wird es sich zeigen, ob er genug trainiert oder ob er sich vergebens bemüht hat.

Ort	Zeit	Grund	Bedingung	Zweck/Ziel	Art und Weise

Fortsetzung der Tabelle im Übungsheft

WISSEN +

Die Unterscheidung von Adjektiven und Adverbien

Adjektive können zwischen den Artikel und das Nomen treten und dekliniert werden.

Adverbien bleiben stets unverändert.

Die häufigen Kinobesuche ...
„häufig" kann dekliniert werden, ist also ein Adjektiv

Die ~~often~~ Kinobesuche ...
„oft" kann nicht dekliniert werden, ist also ein Adverb

ÜBUNG 13 **Sortiere die adverbialen Bestimmungen aus Übung 12 jetzt nach ihrer Form. Übertrage dazu die Tabelle in dein Übungsheft.**

Adjektive/Partizipien	Adverbien	Präpositionalgruppen

Fortsetzung der Tabelle im Übungsheft

ÜBUNG 14 **Setze in den folgenden Text die adverbialen Bestimmungen aus dem Wortspeicher sinnvoll ein.**

> am Ende des Renntags – am kommenden Wochenende –
> auf dem Nürburgring – auf einer eigens abgetrennten Teilstrecke –
> aus einer Ehrenloge heraus – bereits um 9.30 Uhr – dort –
> durch den spannenden Verlauf der Meisterschaft – eine Stunde vor
> dem Rennen – später – zur Rennstrecke

______ findet ______ der Große Preis von Europa statt. Die Veranstalter hoffen darauf, dass ______ mindestens 150 000 Besucher ______ ______ gelockt werden. ______ beginnt das Rahmenprogramm. ______ startet zunächst ein Gokart-Rennen. ______ werden ______ noch ein Motorrad-Rennen und eine Geschicklichkeitsfahrt für jedermann angeboten. Die Sieger dieser Wettbewerbe werden das Formel-1-Rennen ______ ______ verfolgen können. Auch wird ihnen ______ noch eine interessante Führung durch die Boxengasse angeboten. ______ werden sie auch noch an der Pressekonferenz mit den Siegern des Formel-1-Rennens teilnehmen können.

ÜBUNG 15 **Wandle die unterstrichenen adverbialen Bestimmungen in Adverbialsätze um, achte auf die Zeichensetzung. Benutze dein Übungsheft.**

1. <u>Wegen des wechselhaften Wetters</u> müssen die Mechaniker die Reifen besonders sorgfältig auswählen.
2. <u>Bei Sonnenschein und großer Hitze</u> sind andere Reifen auszuwählen als <u>bei leichtem Nieselregen</u>.
3. Die endgültige Entscheidung wird meist erst <u>nach dem ausgiebigen Studium der Wettervorhersage</u> getroffen.
4. <u>Wegen ihrer großen Erfahrung</u> können die Mechaniker aber viele Entwicklungen schon vorhersehen und rechtzeitig entscheiden.
5. Ein Formel-1-Sieg ist nur <u>durch eine hervorragende Teamarbeit</u> zu erreichen.

ÜBUNG 16 **Setze die fehlenden Präpositionen bzw. Konjunktionen ein und ergänze die fehlenden Kommas. Beachte, dass Kommas nur zwischen Haupt- und Nebensatz und nicht nach einfachen adverbialen Bestimmungen stehen.**

______ man ein Fahrrad repariert muss man das Werkzeug bereitlegen ______ man nicht immer die einzelnen Dinge zusammensuchen muss. ______ man einen Reifen flicken will dreht man das Rad um und stellt es auf Sattel und Lenkstange. ______ man die Flügelmuttern des Vorderrads gelöst hat kann man das Rad aus der Gabel heben. ______ dem Lösen der Ventilmutter zieht man den Ventileinsatz heraus und lässt die Luft aus dem Reifen. ______ den richtigen Einsatz des Reifenhebers gelingt es den Mantel vorsichtig über den Felgenrand zu stülpen. ______ man den Schlauch herausgezogen hat setzt man das Ventil wieder ein und pumpt den Schlauch auf.

WISSEN +

Auch **Infinitiv- und Partizipialgruppen** (↑ Kap. 7.4) können die Funktion einer adverbialen Bestimmung übernehmen.

Die Rennleitung hofft auf eine Wetterbesserung, um das Rennen am nächsten Tag regulär durchführen zu können.

ÜBUNG 17 **Wandle die adverbialen Bestimmungen zuerst in einen Konjunktionalsatz um. Verwandle sie dann in deinem Übungsheft in eine Infinitiv- oder Partizipialgruppe.**

Beispiele: durch große Mühe: indem er große Mühe aufwandte – große Mühe aufwendend; zum Sieg: damit er den Sieg erringt – um den Sieg zu erringen

adverbiale Bestimmung	Konjunktionalsatz
1. mit viel Elan	aufbrachte
2. zu seiner Zufriedenheit	war
3. vor lauter Nervosität	zeigte
4. durch seine Geschicklichkeit	beweisen
5. zur Begeisterung der Zuschauer	hervorrief

ÜBEN

6.4 Subjektsätze – Objektsätze

Gliedsätze können in einem Satzgefüge auch die Funktion des Subjekts oder Objekts einnehmen. Man nennt sie dann **Subjektsätze (1)** oder **Objektsätze (2).**

Am häufigsten kommen Objektsätze anstelle eines Akkusativobjekts vor.

(1) Dass Pia ihre ärgste Konkurrentin so deutlich schlagen konnte, bereitet ihr große Freude.
Wer oder was bereitet ihr große Freude?
Subjektsatz
(2) Pia fragt sich, ob sie auch bei den Landesmeisterschaften so erfolgreich sein wird. *(Wen oder) was* fragt sie sich?
Objektsatz

Subjekt- und Objektsätze geben an, was jemand sagt, denkt, erfahren hat, empfindet, beabsichtigt usw. Man nennt sie deshalb auch **Inhaltssätze.**

Cyra **sagt,** dass ...
Timm **fragt sich,** ob ...
David **spürt,** dass ...
Carlotta **wünscht sich,** dass ...

Sie treten im Wesentlichen in drei unterschiedlichen Formen auf:

- als **Konjunktionalsätze,** eingeleitet mit der Konjunktion *dass* (dass-Sätze) (1),
- als **indirekte Fragesätze,** eingeleitet mit einem Fragewort oder mit der Konjunktion *ob* (2),
- als **Infinitivsätze** (3).

(1) **Dass** er einmal an den deutschen Meisterschaften teilnimmt, ist sein Traum.
(2) **Wie** er sein Ziel erreichen kann, ist für ihn die große Frage.
Ob es für einen Start bei den Meisterschaften reicht, ist noch nicht klar.
(3) Seinen Freunden seine Fähigkeiten **zeigen zu können,** ist sein Ziel.

Dass-Sätze und **indirekte Fragesätze** werden wie alle Gliedsätze mit **Komma** vom übergeordneten Satz abgetrennt.

Er möchte nicht**, dass** seine Eltern ihn zum Wettkampf begleiten.
Ob auch Pia mitkommt, war noch nicht klar.

Für **Infinitivsätze,** die an die Stelle des Subjekts oder Objekts treten, gilt eine Sonderregelung. Sie müssen nur mit Komma vom übergeordneten Satz abgetrennt werden,

- wenn sie durch ein **hinweisendes Wort** angekündigt werden,
- wenn sie durch einen **Rückverweis** wieder aufgenommen werden.

Christina bemüht sich schon seit Jahren **darum,** ihre Leistungen zu verbessern.
Auf einem großen Sportfest mal einen echten Superstar zu treffen, **davon** träumt Marco schon lange.

In allen anderen Fällen kann ein Komma gesetzt werden, muss aber nicht.

Er versuchte**(,)** das Beste aus seiner schlechten Ausgangsposition zu machen.

ÜBUNG 18 **Ergänze in den folgenden Satzgefügen die fehlenden s-Schreibungen (das/dass). Denke daran: „das“ steht, wenn man „dieses“, „jenes“ oder „welches“ einsetzen kann.**

Romina sagt, da___ da___ Fest, da___ heute Abend stattfinden sollte, ausfällt. Raffael erklärt, da___ er da___ für ein Gerücht hält und da___ er sich am Abend auf den Weg machen werde. „Da___ kannst du ja gerne tun“, ruft Romina ihm zu, „aber behaupte nicht, da___ ich dich nicht gewarnt habe!“

ÜBUNG 19 **Wandle die Aussagen bzw. Fragen in indirekte Rede bzw. indirekte Fragen um (↑ Kap. 5.2). Benutze dein zusätzliches Übungsheft.**

„Wohin gehst du?"
„Ich gehe zum Eishockey-training!"
1
„Was machen wir heute Abend?"
„Ich würde gerne ins Kino gehen!"
2
„Wo ist der Ball?"
„Er ist in den Busch geflogen!"
3

ÜBUNG 20 **Ersetze die unterstrichenen Satzglieder durch sinngleiche Gliedsätze. Schreibe in dein Übungsheft.**

1. Wichtig bei einem Marathonlauf ist <u>eine gute Kondition des Sportlers</u>.
2. <u>Auch eine kluge Einteilung der Kraft</u> ist von großer Bedeutung.
3. Wichtig ist auch die <u>ausreichende Versorgung mit Wasser</u>.
4. Dabei ist vor allem auf <u>den Ausgleich der Mineralienverluste</u> zu achten.
5. Natürlich kommt es auch <u>auf eine gesunde Ernährung des Sportlers an</u>.
6. Und schließlich geht es auch <u>um den eisernen Willen des Sportlers</u>.

ÜBUNG 21 **Bestimme, ob es sich bei den gebildeten Gliedsätzen aus Übung 20 um Subjektsätze oder Objektsätze handelt.**

1. ___ 2. ___
3. ___ 4. ___
5. ___ 6. ___

ÜBUNG 22 **Setze die fehlenden Kommas und klammere die Kommas, die stehen können, aber nicht stehen müssen, ein. Unterstreiche alle Inhaltssätze.**

1 Jeden Abend um kurz vor acht zeigt uns der Wetterbericht im Fernsehen wie am darauffolgenden Tag das Wetter wird. – 2 Durch Beobachtung und Erhebung physikalischer Daten können die Meteorologen voraussagen ob es am nächsten Tag schönes oder regnerisches Wetter geben wird. – 3 Natürlich können sie nicht garantieren dass ihre Voraussagen richtig sind. – 4 Wann die Wetterfronten über Deutschland hinwegziehen hängt von der Großwetterlage ab. – 5 Aus den Wetterdaten der Satelliten das Wetter exakt vorherzusagen fällt schwer. – 6 Immer wieder kommt es vor dass unerwartete Entwicklungen die Berechnungen über den Haufen werfen. – 7 Dass man sich sicher auf den Wetterbericht verlassen kann wünschen sich nicht nur die Leute die einen Urlaub planen. – 8 Vor allem die Landwirte möchten im Sommer wissen ob sie am nächsten Tag ihr Land bewässern müssen oder ob es Regen gibt. – 9 Auch kann ihnen der Wetterbericht eine Hilfe sein wenn sie sich fragen wann sie mit der Ernte beginnen sollen. – 10 Doch leider wird es nie ganz gelingen das Wetter richtig vorauszusagen.

ÜBUNG 23 **Bestimme die unterstrichenen Inhaltssätze nach ihrer Funktion (Objektsatz oder Subjektsatz) und ihrer Form (dass-Satz, indirekter Fragesatz, Infinitivsatz).**

Satzgefüge 1:

Satzgefüge 2:

Satzgefüge 3:

Satzgefüge 4:

Satzgefüge 5:

Satzgefüge 6:

Satzgefüge 7:

Satzgefüge 8:

Satzgefüge 9:

Satzgefüge 10:

Check-up Satzglieder - Gliedsätze

45 Minuten

AUFGABE 1 **Ergänze die fehlenden s-Schreibungen (das bzw. dass) und Kommas. Setze die Kommas in Rot, die nicht stehen müssen, aber stehen können.**

Gestern stand in der Zeitung da   das Jugendzentrum am Bismarckplatz geschlossen werden soll. Viele Jugendliche die sich bis jetzt mehrmals in der Woche dort getroffen haben fragen sich ob die Schließung noch zu verhindern ist. Sie diskutieren darüber ob sie eine Demonstration zum Erhalt des Jugendzentrums veranstalten sollen. Ihr Ziel ist es sich weiterhin im Jugendzentrum treffen zu können. Markus einer der engagiertesten Jugendlichen sagte: „Ich werde alles tun um das Jugendzentrum da   für uns der einzige Treffpunkt in der Stadt ist zu retten."

AUFGABE 2 **Wandle die unterstrichenen Satzglieder in Gliedsätze um. Bestimme die Gliedsätze genauer.**

1. Zur Erholung und Entspannung treiben viele Menschen Sport.

   Um sich zu erholen und zu entspannen, treiben viele Menschen Sport. (Infinitivsatz, Finalsatz)

2. Durch diese sportliche Betätigung tun sie auch etwas für ihre Gesundheit.

3. Zur Erlangung großer Erfolge trainieren sie mehrmals pro Woche.

4. Wegen eines groben Foulspiels bekam ein Spieler die Rote Karte.

TESTEN

AUFGABE 3 **Ersetze die unterstrichenen Satzglieder durch Subjekt- oder Objektsätze.**

1. Marie fragt ihren Lehrer nach dem Sinn von Klassenarbeiten.

2. Das fleißige Üben der grammatischen Grundbegriffe hat Paul eine Zwei in der Lateinarbeit eingebracht.

3. Patrick plant eine bessere Vorbereitung auf die nächste Klassenarbeit.

AUFGABE 4 **Unterstreiche alle Inhaltssätze und bestimme sie nach Funktion und Form.**

1. Die meisten Bürgerinnen und Bürger wundern sich darüber, dass die Jugendlichen die Freizeitangebote der Stadt nicht gerne besuchen.

   Objektsatz, dass-Satz

2. In einer Untersuchung stellten Forscher nun fest, warum gerade die Jugendzentren auf Ablehnung stoßen.

3. Dass die Jugendlichen dort nicht unbeobachtet von Erwachsenen ihrem Freizeitvergnügen nachgehen können, ist die Meinung von vielen der Befragten.

4. Dass es selbst verwaltete Jugendhäuser gibt, war vielen nicht bekannt.

5. Die meisten der befragten Jugendlichen wollten wissen, ob es ein solches Jugendhaus auch in ihrer Nähe gibt.

AUFGABE 5 **Schreibe in dein Übungsheft einen Text darüber, was du von einem guten Buch erwartest. Benutze je zwei Subjektsätze, zwei Objektsätze, zwei Adverbialsätze und zwei Attributsätze. Unterstreiche die unterschiedlichen Gliedsätze mit verschiedenen Farben.**

7 Rechtschreibung/Zeichensetzung

7.1 Schreibung von Fremdwörtern

Für die Schreibung von **Fremdwörtern** gibt es keine verbindliche Regel. Für manche Wörter sind zwei Schreibungen zugelassen, die ursprüngliche und eine eingedeutschte Form. Hier hast du die Wahl. Innerhalb eines Textes sollte aber eine einheitliche Schreibweise beibehalten werden.	Portmonee – Portemonnaie Ketschup – Ketchup Büfett – Buffet Majonäse – Mayonnaise Rommee – Rommé Mikrofon – Mikrophon
Achtung: Viele Fremdwörter sind noch nicht eingedeutscht. Deren Schreibweise musst du dir gut einprägen.	Ingenieur, Theater, Phänomen, Physik
Viele Fremdwörter erkennt man an den Wortbausteinen **-ieren, -eur, -tor, -age, -tion.**	montieren – redigieren – organisieren Monteur – Redakteur – Organisator Montage – Redaktion – Organisation
Das lange i wird in Fremd- und Lehnwörtern – außer in der Endung *-ieren* – immer mit einfachem i geschrieben.	Masch**i**ne – Margar**i**ne – Delf**i**ne – Turb**i**ne Apfels**i**ne – Mandar**i**ne – Vitam**i**ne – Automob**i**l – Vitr**i**ne – Kam**i**n – Lokomot**i**ve
Bei Wörtern aus dem Englischen und Französischen gibt es unterschiedliche Schreibweisen für die **Laute** - *ä,* - *ei,* - *au,* - *eu,* - *ie,* - *o.*	 Tr**ai**ning – F**ai**rness – Ch**a**mpion – G**a**g Des**i**gn – H**i**ghl**i**ght – B**y**te – T**ie**break S**ou**nd – C**ou**ntdown – C**ow**boy B**oi**ler – L**oi**pe – Tr**oi**ka – B**oy**kott T**ea**m – J**ea**ns – T**ee**nager – M**ee**ting B**ow**le – Sl**ow**fox – Niv**eau** – T**oa**st
Aus dem Französischen abgeleitete Begriffe auf *ör* werden in der Regel mit **-eur** geschrieben.	Ingeni**eur** – Mass**eur** – Kontroll**eur** *Aber:* beide Schreibweisen möglich bei Fris**eur** – Fris**ör**
Bei einzelnen aus dem Griechischen stammenden Wörtern kann das **ph** durch ein **f** ersetzt werden (1). In den meisten anderen Wörtern aus dem Griechischen bleibt das ph erhalten (2).	(1) **Ph**otogra**ph**ie – **F**otogra**f**ie Mikro**ph**on – Mikro**f**on **Ph**antasie – **F**antasie (2) **Ph**antom – **Ph**arao – **Ph**arisäer – **Ph**armazie – **Ph**ilharmonie – **Ph**ilosophie

ÜBUNG 1 **Ordne den Bildern durch Pfeile die richtige Umschreibung zu und notiere das passende Fremdwort.**

1

2

3

a) zwei mit Wurst, Ei, Käse usw. belegte Scheiben Weißbrot

b) geländegängiges Fahrzeug mit Allradantrieb

c) Spaßmacher, besonders im Zirkus

ÜBUNG 2 **Korrigiere die Fehler.**

Schongße		Bräkdänz	
Haileit		Tie-Schört	
Iwent		Gängwey	
Miljöh		Babbelgamm	
Niwoh		Sörviß-Peunt	

ÜBUNG 3 **Bilde aus den Verben je zwei verschiedene Substantive, indem du die passenden Wortbausteine an den Stamm anhängst. Benutze gegebenenfalls dein Fremdwörterlexikon.**

koordinieren		
regieren		
frisieren		
massieren		
spekulieren		
kontrollieren		

WISSEN

Trennung von Fremdwörtern

Fremdwörter können nach den Regeln der deutschen Sprache oder der Herkunftssprache getrennt werden.	Pä-da-go-ge *(dt.)*/Päd-ago-ge *(griech.)* In-te-res-se *(dt.)*/In-ter-es-se *(lat.)*
Die Konsonantenverbindungen *ph, rh, sh* und *th* werden in Fremdwörtern nicht getrennt.	Al-pha-bet – Stro-phe – Or-tho-pä-de – Pa-tho-lo-ge – Sym-pa-thie
Fremdwörter, die aus zwei (Fremd-) Wörtern oder einer Vorsilbe und einem Fremdwort bestehen, trennt man nach Bestandteilen voneinander.	in-akzeptabel – Teen-ager – Trans-port – Per-spek-ti-ve

ÜBUNG 4 **Setze bei den folgenden Wörtern aus dem Wortspeicher die richtigen Trennstriche. Schreibe sie in den Kasten.**

Parlament - Inserat - Okkasion - Grammatik - Optimismus - Funktion - Glutaminsäure - Oleander - Dominanz - Koordination

ÜBUNG 5 **Im folgenden Text sind die Fremdwörter durcheinandergeraten. Schreibe sie richtig in dein Übungsheft und notiere, was sie bedeuten.**

ACHTUNG FEHLER

In Wismar tritt die *Ardektoin* des Mecklenburger Tageblatts zusammen, um in gemeinsamer *Zerenfonk* die Zeitung des nächsten Tages zu planen. Heute ist die *Tomitoinav* im Keller, weil die letzten Absatzzahlen *strakapothal* waren und ein großer Verlag die Zeitung übernehmen möchte. Der *Refchetakduer* versucht seine Leute zu *vomietiren*. Die Ausgabe von morgen soll früher als sonst *gediriert* werden, da noch eine Betriebsversammlung stattfinden soll.

7.2 Gleich und ähnlich klingende Laute

Die meisten Wörter, die mit **ä** oder **äu** geschrieben werden, haben verwandte Wörter oder Wortformen, die mit **a** oder **au** geschrieben werden **(Stammprinzip).**	lässig – lassen, lächerlich – lachen Hände – Hand, Fähre – fahren Häuptling – Haupt, er läuft – laufen Säugling – saugen, Bäuche – Bauch
Einige Wörter schreibt man mit ä bzw. **äu**, auch wenn sie sich von keinem Wort mit *a* oder *au* ableiten lassen, andere schreibt man mit **e**, auch wenn es verwandte Wörter mit *a* gibt.	Säge, Bär, dämmern, gähnen, Knäuel wecken ↔ wach schmecken ↔ Geschmack
Für einzelne Wörter sind die Schreibweisen mit **e oder ä** erlaubt.	aufw**e**ndig – aufw**e**nden *oder* aufw**ä**ndig – Aufw**a**nd
Bei Wörtern mit *ei* oder *ai* ist die Schreibung mit **ei** am häufigsten.	Beil, Bein, feilen, heißen, Leib, Meise, Kreis, Pfeil, Reifen, Scheibe, Zeile
Nur wenige Wörter werden mit **ai** geschrieben, sie lassen sich nicht ableiten. Auch alle Wörter dieser Wortfamilie werden mit **ai** geschrieben.	Hai, Hain, Kai, Kaiser, Laib, Laich, Laie, Mai, Mais, Saite, Waise Kaiser, Kaiserin, kaiserlich, Kaiserthron Laie, laienhaft
Die Buchstaben **b, d,** und **g** werden am Ende eines Wortes oder einer Silbe wie **p, t** und **k** ausgesprochen.	er gi**b**t – es fie**p**t, Stau**b** – Lum**p** Ja**gd** – Dan**k**, Ber**g** – Wer**k** Han**d** – Hau**t**, Rin**d** – er kenn**t**
Um sicherzugehen, wie ein Wort geschrieben wird, musst du ein verwandtes Wort suchen, bei dem die Aussprache eindeutig ist.	ge**b**en – fie**p**en, stau**b**ig – Lum**p**en ja**g**en – dan**k**en, Ber**g**e – Wer**k**e Hän**d**e – häu**t**en, Rin**d**er – sie kann**t**en
Der Buchstabe **g** wird im Auslaut oft wie **ch** ausgesprochen. Auch hier kannst du, um sicherzugehen, eine Wortform bilden, bei der die Aussprache eindeutig ist.	eilig → der eili**g**e Gast ewig → das ewi**g**e Leben auffällig → das auffälli**g**e Kleid *Aber:* sportlich → der sportli**ch**e Athlet herzlich → die herzli**ch**e Einladung
Für die Schreibung des x-Lautes gibt es verschiedene Möglichkeiten, die sich nicht ableiten lassen. Du musst sie lernen bzw. im Zweifelsfall im Wörterbuch nachsehen.	Ke**ks**, Ko**ks**, schla**ks**ig, Kle**cks**, Kni**cks**, anfan**gs**, flu**gs**, ta**gs**, unterwe**gs** A**chs**e, Fu**chs**, dre**chs**eln, se**chs** A**x**t, bo**x**en, e**x**tra, He**x**e, ma**x**imal

ÜBUNG 6 **Schreibe zu den dargestellten Gegenständen zunächst die Einzahl und dann die Mehrzahl auf. Benutze dein zusätzliches Übungsheft.**

ÜBUNG 7 **Setze die richtigen Wörter aus dem Wortspeicher in den Text ein.**

Hain – Hein   Laib – Leib   Saite – Seite   Waise – Weise

Das Mädchen im Sterntalermärchen war ein ______nkind. Es hatte nichts als einen ______ Brot. Es lief durch einen ______ und traf auf einen alten Mann, der ______ hieß. Dieser hatte eine ganz alte Gitarre bei sich, die nur noch drei ______n hatte. Am ______ trug er nichts als ein altes Hemd, das auf der linken ______ schon einige Löcher hatte. Er sprach aber das Sterntalermädchen auf eine solch freundliche ______ an, dass dieses Mitleid mit ihm bekam und ihm den Rest von seinem Brot schenkte.

ÜBUNG 8 **Unterstreiche die falsch geschriebenen Wörter, schreibe dann eine Wortform auf, bei der die Schreibung eindeutig ist, und korrigiere das falsche Wort. Benutze dazu dein Übungsheft.**

ACHTUNG FEHLER

Beispiel: Stadtrad – Beratung → Stadtrat

1. Der Stadtrad hat in seiner letzten Sitzung entschieden, dass das Windrat am Stadtrant errichtet werden kann.
2. Der Eigentümer hatte vorher den störunksfreien Betriep zugesichert.
3. Das lephafte Engagement des Junkunternehmers wurde gelopt.
4. Der Austauschschüler, der eine lange Autofahrd hinter sich hatte, bad die Gastfamilie, zunächst das Bat benutzen zu dürfen.
5. Er fühlte sich etwas gehemmd, weil sein Hemt total verschwitzt war.

ÜBUNG 9 Bilde aus den Substantiven im Wortspeicher durch Anhängen der passenden Nachsilbe Adjektive. Schreibe in dein Übungsheft.

Heil - Angst - Verstand - Flocke - Glück - Rose - Staub - Gemüt - Anstand - Kurve - Sport

WISSEN +

end-/ent-

Der Wortstamm end- drückt aus, dass etwas den endgültigen Schlusspunkt darstellt.	endlich – endgültig – endlos Endlager – Endkampf – Endfassung Endprodukt – Endresultat – Endzeit
In allen anderen Fällen, die nicht vom Wort „Ende" abstammen, steht die Vorsilbe ent-.	entfernen – entzünden – entzaubern – entkleiden – entwarnen – entleeren – entweichen – entladen – entdecken
Tauchen die Bausteine **-ant/-ent** bzw. **-and/-end** am Wortende auf, kannst du, um bei der Schreibung sicherzugehen, eine flektierte Form bilden.	Moment → Momente Konfirmand → Konfirmandin horrend → die horrenden Kosten galant → der galante Umgangston

ÜBUNG 10 End- oder ent-? Setze richtig ein.

der ___ punkt	___ decken	___ los
die ___ fernung	___ behren	die ___ silbe
___ scheiden	die ___ runde	der ___ spurt

ÜBUNG 11 Bilde durch das Anhängen von -and, -end, -ant oder -ent Wörter. Bilde dann den Plural und erläutere kurz, was sie bedeuten.

	Plural	Bedeutung
Divid		
Absolv		
Doktor		
Dezern		
Spekul		

ÜBEN

7.3 Zeichensetzung – Grundlagen

Es gibt drei **Satzschlusszeichen,** die unterschiedliche Satzarten abschließen: ■ Punkt (Aussagesatz), ■ Fragezeichen (Fragesatz), ■ Ausrufezeichen (Ausruf, Aufforderung).	Heute regnet es. Wie wird das Wetter morgen? Schade, schon wieder Regen! – Gib her!
In **Aufzählungen** werden Wörter und Wortgruppen durch Kommas voneinander getrennt, wenn sie nicht durch eine **anreihende Konjunktion** *(und, oder, entweder ... oder)* verbunden sind.	Ich kaufe Möhren**,** Gurken**,** Tomaten**,** Paprika **und** Kartoffeln. Die gelbe Hose**,** die grasgrüne Jacke **und** die rote Nase gehören zum Zirkusclown.
Die **wörtliche Rede** steht in Anführungszeichen. Der vorangestellte Redebegleitsatz wird mit Doppelpunkt von der wörtlichen Aussage abgetrennt. (1) Nachgestellte oder eingeschobene Redebegleitsätze werden mit Komma von der wörtlichen Rede abgetrennt. (2) Bei Aussagesätzen in der wörtlichen Rede entfällt das Satzschlusszeichen. (3)	(1) Pia ruft: „Ich gehe zum Eishockey!“ (2) „Wer ist denn heute der Gegner der Pinguine?“**,** fragt Paul. „Wieso willst du das wissen?“**,** erwidert Pia. „Du interessierst dich doch sonst nicht für Eishockey.“ (3) „Ich bin nur gespannt, ob du heute wieder so eine schlechte Laune hast, weil die Pinguine verloren haben“, sagt Paul.
In **Satzreihen** werden Hauptsätze durch Kommas voneinander abgetrennt. Werden die Hauptsätze durch eine anreihende Konjunktion miteinander verbunden, muss kein Komma stehen.	Melanie geht zum Eishockey, Paul bleibt lieber zu Hause. Die Pinguine sind in schlechter Verfassung, sie werden das Spiel wohl verlieren(,) **und** Pia wird dann wieder sauer sein.
In **Satzgefügen** werden Haupt- und Nebensätze durch Komma voneinander abgetrennt (↑Kap. 6.2, 6.3, 6.4).	Die Zuschauer waren sehr überrascht, weil die Pinguine eine so gute Leistung brachten.
Infinitiv- und Partizipialkonstruktionen müssen mit Komma abgetrennt werden, wenn durch ein Wort im übergeordneten Satz auf sie hingewiesen wird bzw. wenn sie wieder aufgenommen werden. Ein Komma muss auch stehen, wenn eine Infinitivgruppe mit *als, anstatt, außer, ohne, statt* oder *um* eingeleitet wird oder wenn sie von einem Substantiv abhängt (↑Kap. 7.4).	**Es** war ihr großer Wunsch, das Eishockeyspiel besuchen zu dürfen. Auf das Äußerste gespannt**, so** verfolgte sie den dramatischen Spielverlauf. **Ohne** die Entscheidung abzuwarten**,** rannte er davon. Ihr **Wunsch,** das Eishockeyspiel zu besuchen, war größer.

WISSEN

ÜBUNG 12 **Setze die fehlenden Satzzeichen.**

Hallo Selma ruft Verena Kommst du mit ins Freibad

Selma antwortet Nein, ich muss heute zu meiner Oma zum

Geburtstag Na ja, vielleicht klappts ja morgen erwidert Verena

ÜBUNG 13 **Schreibe in deinem Übungsheft in drei Sätzen möglichst genau auf,**
a) was auf dem Markt verkauft wird,
b) wer einkauft und
c) wer etwas verkauft.

ÜBUNG 14 **Bilde aus den folgenden Sätzen sechs Satzreihen. Entscheide selbst, ob du sie mit einer Konjunktion verbinden und ob du ein Komma setzen musst oder willst. Schreibe die Satzreihen in dein Übungsheft.**

Herr Müller isst am liebsten Fisch.

Herr Bergmann verspeist gern ein Steak.

Herr Richter bevorzugt den aus Südtirol.

Verena geht am liebsten auf dem Markt einkaufen.

Judith flieht, wenn es Popeyes Lieblingsspeise gibt.

Nele bevorzugt den Supermarkt.

Frau Eberhardt liebt frisches Gemüse.

Benedikt liebt Spinat.

Peter liebt dieses Gemüse als Salat.

Auch Frau Arz schwört auf Brokkoli und Blumenkohl.

Frau Ising verabscheut Sellerieknollen.

Anne mag Schwarzwälder Schinken.

ÜBEN

ÜBUNG 15 **Setze die fehlenden Kommas.**

Am vergangenen Samstag wurde bekannt dass der diesjährige Karnevalsumzug wesentlich länger als die Züge der letzten Jahre sein soll. Es werden viele Zuschauer erwartet die zum Teil auch aus den angrenzenden Städten anreisen werden. Ob das Wetter mitspielt ist für die Veranstalter die große Frage. Dass es wie aus vollen Kannen gießt ist aber nach Auskunft der Meteorologen nicht ganz unwahrscheinlich. Die vielen bunt geschmückten Wagen die in monatelanger Arbeit von den einzelnen Gruppen hergestellt worden sind und die Fußgruppen stellen sich um 13.00 Uhr am Hauptbahnhof auf. Peter Meyer der Vorsitzende des KZV glaubt fest daran den Zug wie gewohnt stimmungsvoll und ohne größere Probleme über die Bühne zu bringen. Er betonte: „Alles ist bestens vorbereitet und auch wenn es regnet werden wir uns die Stimmung nicht verderben lassen! Alle Karnevalsfreundinnen und -freunde sind herzlich eingeladen an unserem Zug teilzunehmen."

ÜBUNG 16 **Bilde aus den jeweils zwei Sätzen je zwei Satzgefüge mit Infinitiv- oder Partizipialkonstruktionen so, dass einmal ein Komma stehen muss und einmal nicht. Schreibe in dein Übungsheft.**

Beispiel: Lars geht bei der deutschen Meisterschaft an den Start.
Er ist durch viele Hundert Trainingsstunden gut vorbereitet.
→ Durch viele Hundert Trainingsstunden gut vorbereitet(,) geht Lars bei der deutschen Meisterschaft an den Start. Durch viele Hundert Trainingsstunden gut vorbereitet, so geht Lars bei der deutschen Meisterschaft an den Start.

1. Er trainiert schon seit Langem, denn er hat einen Wunsch.
   Er will den deutschen Rekord endlich unterbieten.
2. Vieles hat er vernachlässigt, weil er etwas plant.
   Er will sich für die Europameisterschaft qualifizieren.
3. Er konnte seine Leistungen in den letzten Monaten stetig verbessern.
   Er wurde von seinem Trainer und seinen Freunden gut unterstützt.
4. Im Wettkampf schafft Lars dann wirklich den deutschen Rekord.
   Er wurde von Tausenden begeisterten Zuschauern angespornt.

7.4 Komma bei Einschüben und bei der Anrede

Zusätze und Nachträge werden mit Kommas vom Hauptsatz abgetrennt. Dies gilt für:	
▪ **Einschübe**	Am Freitag, **es war ein wunderbarer Sommertag,** ging ich mit meinen Freunden auf eine tolle Bergwanderung. In Portugal, **das ist übrigens ein sehr schönes Land,** befindet sich der westlichste Punkt des europäischen Festlandes.
▪ **Appositionen** (↑ Kap. 6.2)	Patrick, **ein abenteuerlustiger Weltenbummler,** und Rainer, **ein begeisterter Landschaftsfotograf,** präsentieren Bilder ihrer letzten Reise.
▪ **nachgestellte Erläuterungen**, die z. B. eingeleitet werden mit *also, besonders, das heißt, nämlich, vor allem, und zwar, zum Beispiel*	Das Klima, **besonders die großen Temperaturschwankungen,** haben den Reisenden zu schaffen gemacht. Die Rocky Mountains ziehen sich durch den gesamten nordamerikanischen Kontinent, **das heißt von Alaska bis New Mexiko.** Der höchste Berg, **nämlich der Mt. Elbert,** ist 4395 Meter hoch.
Auch **Partizip- oder Infinitivgruppen**, die einem Substantiv oder Pronomen als Erläuterungen nachgestellt werden, müssen mit Kommas abgetrennt werden.	Dieser Gedanke, (nämlich) **in die Rocky Mountains zu reisen,** beschäftigte unsere Abenteurer schon lange. Auf diese Weise, (nämlich) **von langer Hand vorbereitet,** versprach die Reise ein tolles Erlebnis zu werden.
Anreden und Ausrufe werden mit einem Komma abgetrennt oder von Kommas eingeschlossen, wenn sie eingeschoben sind.	Ein begeisterter Zuschauer: „Dieser Vortrag, **meine Herren,** war hochinteressant. Super, wirklich eine sehr eindrucksvolle Darstellung. **Patrick und Rainer,** mein Kompliment!“

ÜBUNG 17 **Setze die zusätzlichen Informationen aus dem Wortspeicher sinnvoll in den Text ein. Achte auf die Zeichensetzung.**

> dem ersten Tag ihrer Expedition – einer uralten Höhle – für den Fall, dass es Unwetter geben würde – ihren einheimischen Begleiter – so fügte er hinzu – vor allem Marder

Die Witterungsbedingungen am Samstag ____________________ waren alles andere als optimal. Patrick und Rainer beauftragten Hugo ____________________ sich ____________________ ____________________ bei den Bewohnern nach Unterschlupfmöglichkeiten auf der Bergtour zu erkundigen. Hugo erzählte ihnen von der Oak-Cave ____________________ in der schon so mancher Abenteurer eine Nacht verbracht hatte. Allerdings ____________________ sollten sie auf jeden Fall auf ihren Proviant achtgeben, denn es gebe dort viele Tiere ____________________, die auch die Mahlzeiten der Menschen nicht verachten würden.

ÜBUNG 18 **Ergänze die fehlenden Satzzeichen.**

Fisch meine Damen und Herren kaufen Sie frischen Fisch
Guten Tag mein Herr was kann ich für Sie tun
Aber sicher die haben gestern noch in Griechenland am Baum gehangen
Heute im Angebot frische Grillwürstchen herzhaft würzig im Geschmack
Die Matjesfilets die sehen aber lecker aus ich hätte gerne zehn Stück
Die Pfirsiche sind sie frisch und saftig
Grillwürstchen ja die hatten wir schon lange nicht mehr ich nehme acht Stück

ÜBEN

ÜBUNG 19 **Verbinde die beiden Sätze zu einem Satz mit Apposition. Benutze dazu dein zusätzliches Übungsheft.**

Beispiel: Peter und Marc sind zwei Abenteurer aus Schalksmühle. Sie brechen auf zu einer Reise nach Sibirien. → Peter und Marc, zwei Abenteurer aus Schalksmühle, brechen zu einer Reise nach Sibirien auf.

1. Kartoffeln, Eier, Öl, Essig, Salz und Pfeffer kann man im Supermarkt kaufen. Das sind die Zutaten für einen Kartoffelsalat.
2. Jennifer ist ein großer Fan von Britney Spears und Robbie Williams. Sie hat ihr Zimmer mit den Postern der Superstars tapeziert.
3. Viele Sportbegeisterte schauen zu, wenn ihre Lieblingssportarten im Fernsehen übertragen werden. Am liebsten sehen sie Fußball und Tennis.

WISSEN +

Die „kann"-Regel bei Kommas

In manchen Fällen **kann** ein Komma gesetzt werden, wenn es das Textverständnis erleichtert. Es **muss aber nicht** gesetzt werden.

Das gilt vor allem:

- für das Komma bei manchen Infinitiv- und Partizipialgruppen (1),
- für das Komma vor einem mit *und* eingeleiteten Hauptsatz (2),
- wenn ein Satz ohne Komma unübersichtlich oder missverständlich ist (3).

(1) Die Abenteurer hoffen**(,)** bei ihrer Expedition gutes Wetter zu haben. Durch ihre Erfahrungen bei vielen Unternehmungen abgehärtet**(,)** gehen sie ihre große Aufgabe an.

(2) Sie haben sich gut auf ihren Trip vorbereitet**(,)** und auch die äußeren Bedingungen spielen mit.

(3) Sie entscheiden sich**(,)** am nächsten Morgen ihre Tour fortzusetzen. Sie entscheiden sich am nächsten Morgen**(,)** ihre Tour fortzusetzen.

ÜBUNG 20 **Setze die fehlenden Kommas; setze diejenigen Kommas in Rot, die stehen können, aber nicht stehen müssen.**

1. Patricia rechnet damit zum Geburtstag einen CD-Player zu bekommen.
2. Die Party nur mit ihren Freundinnen feiern zu können ist ihr großer Traum.
3. Sie hofft auch von ihren Eltern nicht allzu sehr gestört zu werden.
4. Denn sie hat auch einige Jungen eingeladen und allzu neugierige Eltern würden da doch nur hinderlich sein.
5. Vor lauter Vorfreude ganz aufgeregt so erwartet sie ihre Gäste.

Check-up Rechtschreibung/ Zeichensetzung

60 Minuten

AUFGABE 1 **Setze die entsprechenden Fremdwörter ein.**

1. Die Mannschaft ______ (üben) zweimal wöchentlich.
2. Für den Verkauf des Hauses machte er uns ein ______ (gerechtes, angemessenes) Angebot.
3. Sie hat ein ausgesprochenes ______ (Vorliebe) für Filme.
4. Wir treffen uns vor dem Abflug direkt auf dem ______ (Flughafen).
5. Der ______ (Übungsleiter) fordert die Mannschaft zu großer ______ (sportlicher Verhaltensweise) auf.

AUFGABE 2 **Korrigiere die Fehler.**

ACHTUNG FEHLER

Dem Filosof ist nichts zu doof! ______

Dem Ingenör ist nichts zu schwör! ______

Der Praktikand kann allerhand! ______

Der Kandidad braucht einen Rat! ______

AUFGABE 3 **Notiere zu den Begriffsumschreibungen das passende Fremdwort.**

Aufbereitung und Wiederverwertung ______

Auf Wiedersehen (engl.) ______

Überbrückung eines kranken Blutgefäßes ______

ein Schwimmstil (Delfin) ______

Kenner interner Verhältnisse ______

Rohrleitung (für Erdöl) ______

künstlerische Formgebung eines Gebrauchsgegenstandes ______

Höhepunkt, Glanznummer ______

zeitliche Abstimmung von Abläufen ______

TESTEN

AUFGABE 4 **Setze in den folgenden Sätzen die fehlenden Kommas und begründe in Kurzform, warum ein Komma stehen muss.**

1. Oberstdorf ist ein toller Urlaubsort weil man dort sowohl im Sommer als auch im Winter abwechslungsreiche Ferien verbringen kann.

2. Ein besonderer Knüller ist das Jugendgästehaus „Spielmannsau“ zu dem man von der Ortsmitte einen Wanderweg von etwa 35 Minuten zurücklegen muss.

3. Kinder und Jugendliche können die Natur erkunden es gibt eine Fülle von Sportmöglichkeiten und niemand beschwert sich wenn es mal ein bisschen lauter wird.

4. Weil die „Spielmannsau“ ein Selbstverpflegerhaus ist kommt es auch darauf an dass man ein gutes Küchenteam dabeihat und dass alle beim Kochen beim Tischdecken und beim Abspülen mithelfen.

AUFGABE 5 **Setze die fehlenden Kommas.**

Gestern stand in der Zeitung dass die Mannschaft des 1. FC schon wieder verloren hat. Viele Fans die bis jetzt noch jede Woche zu den Meisterschaftsspielen gegangen sind fragen sich ob der Abstieg der Mannschaft noch zu verhindern ist. Sie diskutieren darüber ob ein Trainerwechsel in dieser Situation sinnvoll ist. Ihre große Hoffnung ist dass das Team auch in der kommenden Spielzeit in der Verbandsliga spielt. Martin einer der leistungsstärksten Spieler sagte: „Ich werde alles tun um das Trainergespann das wirklich gute Arbeit leistet zu unterstützen. Wenn wir wirklich absteigen dann wird die Mannschaft sicher auseinanderbrechen.“

AUFGABE 6 **Setze aus den Satzbausteinen die zehn wichtigsten Regeln zur Zeichensetzung zusammen. Schreibe die Regeln in dein Übungsheft.**

1. Baustein Bei der wörtlichen Rede	**2. Baustein** wird mit einem Doppelpunkt	**3. Baustein** steht die wörtliche Aussage	**4. Baustein** kann man ein Komma setzen,	**5. Baustein** Haupt- und Nebensätze, die in
6. Baustein werden mit Komma voneinander abgetrennt.	**7. Baustein** Der vorangestellte Redebegleitsatz	**8. Baustein** von der wörtlichen Aussage abgetrennt.	**9. Baustein** Wörter und Wortgruppen, die aufgezählt werden	**10. Baustein** vom übergeordneten Satz abgetrennt.
11. Baustein von der wörtlichen Aussage getrennt.	**12. Baustein** um den Satz übersichtlicher bzw. eindeutiger zu gliedern.	**13. Baustein** Bei Satzreihen, die durch „und“ verbunden sind,	**14. Baustein** Hauptsätze, die in Satzreihen verbunden	**15. Baustein** übergeordneten Satz abgetrennt.
16. Baustein sind, werden mit Komma voneinander abgetrennt.	**17. Baustein** einen Satz eingefügt werden, werden mit Komma	**18. Baustein** oder durch ein folgendes Wort wieder aufgegriffen werden.	**19. Baustein** Anreden und Ausrufe werden mit Komma vom	**20. Baustein** Satzgefügen miteinander verbunden sind, werden
21. Baustein und bei manchen Infinitiv- und Partizipialkonstruktionen	**22. Baustein** Redebegleitsatz wird mit einem Komma	**23. Baustein** Der eingeschobene bzw. nachgestellte	**24. Baustein** mit Komma voneinander abgetrennt.	**25. Baustein** immer in Anführungszeichen.
26. Baustein Zusätzliche Erläuterungen, die als Einschübe oder Nachträge in	**27. Baustein** sind und nicht durch eine anreihende Konjunktion verbunden	**28. Baustein** abgetrennt werden, wenn sie durch ein hinweisendes Wort angekündigt	**29. Baustein** Infinitiv- und Partizipialgruppen müssen mit Komma vom übergeordneten Satz	**30. Baustein** und nicht durch eine anreihende Konjunktion verbunden sind,

1 Beschreiben und Darstellen

Ü1 **Bild 1: auffallend dick;** Motorradhelm unter dem Arm, rote Motorradstiefel, Benzinkanister in der Hand; **Bild 2: zu enges Kleid;** rote Stöckelschuhe, auffällige Frisur, auffälliger Aufdruck auf der Handtasche; **Bild 3: runde Fenster;** rote Dachziegel, königsblauer Briefkasten mit der Aufschrift S 05, auffällig gestaltete Hausnummer 46.

Ü2 **1.** Der Mann ist sehr korpulent. **2.** Der Jugendliche ist nachlässig gekleidet, er macht einen ungepflegten Eindruck. **3.** Die Dame trägt ein viel zu enges Ballkleid. **4.** Das Haus hat runde Fenster. **5.** Das Auto ist unregelmäßig schwarz-weiß gestreift wie ein Zebra.

Ü3 Um Spaghetti Bolognese zuzubereiten, muss man zunächst eine Zwiebel schälen, hacken und in einer Pfanne mit etwas Öl anbraten. Danach wird etwa 300 Gramm Hackfleisch dazugegeben. Nachdem das Fleisch gut durchgebraten ist, werden eine Dose passierte Tomaten und etwa 50 Gramm Tomatenmark dazugegeben. Die Tomatensoße wird erhitzt und mit Salz, Pfeffer und Knoblauch gewürzt. Für die Spaghetti wird in einem großen Topf Wasser zum Kochen gebracht. Das Nudelwasser wird gesalzen und ein Löffel Öl wird zugegeben. Die Spaghetti etwa zehn Minuten kochen, danach abschütten. Die Spaghetti werden auf den Teller und die Bolognesesoße wird darüber gegeben. Die Spaghetti können nach Geschmack mit Parmesankäse bestreut werden.

Ü4 **1.** Landschaftsbild **2.** Vordergrund: Palmen; Mitte: einzelne Häuser; Hintergrund: eine Gebirgskette **3.** idyllischer Eindruck, getrübt durch die aufziehenden dunklen Wolken

Ü5 **Lösungsvorschlag:**
Die Abbildung zeigt eine Landschaft, im Vordergrund erkennt man drei Palmen und einzelne andere Bäume und Sträucher. In der Mitte sieht man einige einfache Häuser, die an einer kleinen Straße liegen, sowie einzelne Felder und Wiesen. Im Hintergrund erkennt man einen Gebirgszug. Weite Teile des Bildes sind durch das sehr dunkle und kräftige Grün der Bäume und Sträucher bestimmt. Das Bild macht einen ruhigen, idyllischen Eindruck, der durch die aufziehenden dunklen Wolken etwas getrübt wird.

Ü6 **Wer kann mir helfen?**
Am vergangenen Donnerstag nach der sechsten Stunde habe ich in der Umkleidekabine Nr. 4 meine Regenjacke liegen gelassen. Die Jacke ist sehr hochwertig, der Rumpf ist dunkelblau, die beiden Ärmel sind grün und lila. Auf dem Rücken trägt die Jacke den großen weißen Aufdruck: „SV 98 – Die Lilien".

Ü7 **2.** Weil sie immer früh auf dem Biomarkt ist, bekommt sie frischeste Ware. **3.** Weil sie auf ihre Cholesterinwerte achten muss, isst sie wenig Fleisch. **4.** Sie isst frisches Obst und Gemüse, weil ihr Arzt ihr empfohlen hat, Vitamine zu sich zu nehmen. **5.** Sie liest mehrere Fachzeitschriften, sodass sie die besten Biorezepte kennt.

Ü8 **1.** Weil der Elfmeterschütze unkonzentriert war, hat er den Elfmeter verschossen./Der Elfmeterschütze war unkonzentriert, sodass er den Elfmeter verschoss./Wenn der Elfmeterschütze unkonzentriert ist, verschießt er den Elfmeter. **2.** Weil (*oder:* wenn) ich eine Million im Lotto gewonnen habe, kaufe ich mir eine große Villa am Stadtrand./Ich habe eine Million im Lotto gewonnen, sodass ich mir eine Villa am Stadtrand kaufen kann. **3.** Weil ein Leck im Schiffsrumpf war, ist das Segelboot untergegangen/Es war ein Loch im Schiffsrumpf, sodass das Segelboot unterging./Wenn ein Leck im Schiffsrumpf ist, geht das Segelboot unter. **4.** Weil die Wasserschutzpolizei rechtzeitig alarmiert wurde, wurden alle Passagiere gerettet./Die Wasserschutzpolizei wurde rechtzeitig alarmiert, sodass alle Passagiere gerettet werden konnten./Wenn die Wasserschutzpolizei rechtzeitig alarmiert wird, können alle Passagiere gerettet werden. **5.** Weil die Passagiere im Krankenhaus gut versorgt wurden, waren sie abends schon wieder zu Hause./Die Passagiere wurden im Krankenhaus gut behandelt, sodass sie abends wieder zu Hause waren./Wenn die Passagiere im Krankenhaus gut behandelt werden, sind sie abends schon wieder zu Hause. **6.** Weil (*oder:* wenn) es lange und heftig geregnet hat, gibt es Hochwasser. Es hat lange und heftig geregnet, sodass es Hochwasser gibt. **7.** Wenn (*oder:* weil) man eifrig lernt, bekommt man gute Noten. **8.** Wenn (*oder:* weil) strahlender Sonnenschein herrscht, ist das Freibad überfüllt./Es herrscht strahlender Sonnenschein, sodass das Freibad überfüllt ist. **9.** Wenn (*oder:* weil) man eine Party geben will, muss man viel Essen vorbereiten. **10.** Wenn (*oder:* weil) Schnee und Eis herrschen, kann man Schlittschuh laufen./Es herrschen Eis und Schnee, sodass man Schlittschuh laufen kann.

Ü9 **1.** Weil er seinen Beruf gewissenhaft und engagiert ausgeübt hatte, erfüllten sich die

LÖSUNGEN

Karrierehoffnungen von Herrn Berger. **2.** Man darf die Hauptstraße nur überqueren, wenn die Ampel Grün zeigt. **3.** Um die Prüfung zu bestehen, sollte man sich gründlich vorbereiten. **4.** Um am Wettbewerb teilzunehmen, muss man eine Bescheinigung vorlegen. **5.** Weil der Gegner so stark war, kam es zur Niederlage im Meisterschaftsspiel. **6.** Durch die globale Klimaerwärmung kam es zum großen Hochwasser. **7.** Weil es heftig geschneit hatte, starteten und landeten die Flugzeuge am Frankfurter Flughafen mit Verspätung. **8.** Bevor man die Dokumente auf CD brennen kann, muss man einen CD-Rohling einlegen. **9.** Ihnen werden 15 Euro pro Monat extra berechnet, wenn Sie die Sauna benutzen wollen. **10.** Es ist untersagt, die Baustelle zu betreten.

■ **Ü10 auf einer Kirmes:** Musik, Lachen, Rufen, Kreischen von Kindern, Zuckerwatte, gebrannte Mandeln, Pommes, bunte Leuchtreklamen, buntes Spielzeug ...
auf dem Bauernhof: das Grunzen von Schweinen, das Muhen der Kühe, das Rattern des Traktors, weite Felder, bunte Blumenwiesen, Obstbäume, Mist und Dünger, frisch gebackenen Kuchen, einen deftigen Schweinebraten ...
auf einer Bergwanderung: weite Wiesen und Felder, das Plätschern eines Gebirgsbaches, bunte Blumenwiesen, Bergziegen, das Schreien eines Adlers, Nebel und Wind, eine zünftige Brotzeit in der Berghütte, frisches klares Wasser ...
im Freizeitpark: Lachen und Rufe von Kindern, bunte Leuchtreklamen, laute Musik, Achterbahn, spannende Filmvorführungen, Fast Food, Limonade aus Pappbechern ...

■ **Ü11** Der Duft von frisch gebackenen Waffeln – das Kreischen von Kindern – das Heulen eines Wolfes – ein leise rauschendes Meer – das Quietschen von Autoreifen – ein eisig kalter Wind – das leise Säuseln des Windes – das Lachen eines Kindes – ein mit schwarzen Wolken verhangener Himmel – das Knallen der Wohnungstür – das Schnurren einer Katze – ein leise knisternder Kamin

■ **Ü12** **1.** erschöpft sein: C. sich wie gerädert fühlen; **2.** sich wohl fühlen: D. sich wie ein Fisch im Wasser fühlen; **3.** beleidigt sein: B. sich auf den Schlips getreten fühlen; **4.** sich unsicher sein: A. in der Luft hängen; **5.** gerührt sein: E. einen Kloß im Hals haben.

■ **Ü13 Lösungsvorschlag:**
sehen: den schön gedeckten Tisch, das Besteck und Servietten neben den Tellern, einen Strauß Blumen und eine Kerze auf dem Tisch; auf dem Teller mein Leibgericht
hören: mein Vater begrüßt mich freundlich und fragt, wie mein Schultag war; er bittet mich, die Hände zu waschen und dann zu Tisch zu kommen
riechen: durch das Haus dringt der Geruch von frisch gebackenem Brot, gebratenem Fleisch, frischen Kräutern und Pommes frites
fühlen: die Hitze, die aus dem Ofen dringt; die Frische des eisgekühlten Mineralwassers; die Knusprigkeit des frischen Brotes
schmecken: den herzhaften Geschmack des Fleisches, den süß-sauren Geschmack von Joghurteis

■ **Ü14 Lösungsvorschlag:**
Ich öffne die Wohnungstür, wie immer klemmt sie ein bisschen und außerdem quietscht sie immer noch, aber das ist schnell vergessen, denn durch die gesamte Wohnung dringt der Duft von frisch gebackenem Brot, das es mit der leckeren Kräuterbutter von meiner Oma als Vorspeise gibt. Ich stelle meine Tasche auf die Treppe nach oben und hänge meine blaue Lieblingsjacke an die Garderobe. Dabei fallen mir die Sonnenstrahlen, die durch die noch nicht geschlossene Tür dringen, ins Gesicht. Jetzt zieht mich der angenehme Duft sofort in die Küche. Ich blicke in die Töpfe, die auf dem Herd stehen. Heute Mittag gibt es frischen Blumenkohl, mit einer lecker duftenden Béchamelsoße, Kartoffeln und Schweinelendchen, deren kross gebratene Kruste mir das Wasser im Mund zusammenlaufen lässt. Ich nehme vier Teller aus dem Schrank und hoffe dabei, dass der Rest der Familie bald nach Hause kommt. Ich kann es kaum noch abwarten und schneide mir ein daumendickes Stück vom Fleisch ab, um es mit Genuss auf der Zunge zergehen zu lassen.

■ **Ü15 Lösungsvorschlag:**
Drei Wanderer mit Rucksäcken auf dem Rücken gehen an einem sonnigen Tag auf einen klaren Bergsee im Gebirge zu. Sie freuen sich, nach einer langen Wanderung Rast am kühlen Wasser zu machen, sich und ihre heiß gelaufenen Füße zu erfrischen und eine gemütliche Vesper zu machen, bevor sie zur nächsten Tour aufbrechen.

■ **Ü16** **1.** ehrgeizig **2.** musikalisch **3.** modebewusst/eitel

■ **Ü17** André ist sehr egoistisch, er achtet nur auf seine eigenen Bedürfnisse. Maike ist sehr fürsorglich, sie hat immer einen Blick dafür, dass alle zufrieden sind. Frederic ist ein Angeber, der gerne vor anderen prahlt, was für ein toller Typ er ist.

Ü18 **1.** sich schnell aufregen: C. leicht in die Luft gehen; **2.** selbstständig sein: D. auf eigenen Füßen stehen; **3.** sich nichts gefallen lassen: E. sich nicht die Butter von Brot nehmen lassen; **4.** unbeherrscht sein: B. den wilden Mann spielen; **5.** sich der Mehrheitsmeinung anschließen: A. mit den Wölfen heulen.

Ü19 Bild 1: c); Bild 2: b); Bild 3: a)

Ü20 Bild 1: c) Darf ich Ihnen einen Platz anbieten? f) Morgen fahre ich mit meinen Geschwistern zu meiner Oma. h) Am liebsten sehe ich abends fern.
Bild 2: b) Wenn ich mal viel Geld verdiene, kaufe ich mir einen Porsche. d) Wie, du hast noch kein Fotohandy? Warst du schon in der Bar, die am Schlossplatz neu eröffnet hat?
Bild 3: a) Im letzten Urlaub habe ich immer am Strand geschlafen. e) Nach meiner Lehre mache ich erst einmal ein soziales Jahr. i) Ich möchte mich später beruflich im Umweltschutz engagieren.

Ü21 Lösungsvorschlag:
Als Konrad Duden seinen ehemaligen Deutschlehrer traf, dieser war beinahe schon neunzig Jahre, konnte er sich vor Anerkennung nicht retten. Sein Lehrer, mit dem er Zeit seines Schülerlebens auf Kriegsfuß gestanden hatte, schmeichelte ihm: „Ja, das habe ich mir ja immer gedacht, dass aus dir mal ein ganz Großer wird." „Na ja", so antwortete Duden, „das haben Sie aber gut verbergen können, oder Sie haben an einen erfolgreichen Sportler gedacht und nicht an einen Sprachgelehrten." „Aber wieso, hattest du nicht immer gute Noten bei mir?" Duden, dem nicht an einer Auseinandersetzung mit seinem alten Lehrer lag, stimmte zu und sie unterhielten sich noch lange über die von ihm eingeleitete Rechtschreibreform.

Check-up Kapitel 1

A1 **a)** 2, 4, 1, 5, 3
b) Lösungsvorschlag:
Zum Wechseln einer Patrone im Füllfederhalter öffnet man zunächst das Gehäuse, indem man den unteren, der Feder entgegengesetzten Teil abdreht. Dann wird die leere Tintenpatrone aus der Halterung genommen und eine neue wird eingesetzt. Das Gehäuse wird wieder zugeschraubt. Auf einem Blatt Papier werden, damit die Tinte in die Feder gelangt, ein paar Kreise oder Linien gezogen.

A2 **b) Lösungsvorschlag:**
Das war immer mein Traum, einmal von hier aus mit dem Drachen zu fliegen. Wahnsinn! Das weite Tal vor mir, nur leichte Bewölkung, eine Superthermik. Mein roter Drachen wird sich gleich in die Lüfte erheben, wie ein Adler werde ich über dem Tal schweben, majestätisch! Hoffentlich hält mein Schirm; sind alle Seile und alle Verbindungen in Ordnung? Ja, ich habe sie mehrfach geprüft, es kann nichts schief gehen, also los: Frisch gewagt ist halb gewonnen. Schwingen wir uns in die Lüfte und segeln zu Tal. Das ist Freiheit, herrlich!!!

A3 **b) Lösungsvorschlag:**
Das Schreiben war sein Lebensinhalt. Schon mit vierzehn Jahren schrieb der 1929 in Garmisch-Partenkirchen geborene Michael Ende kleine Gedichte und Erzählungen, die er in der Schülerzeitung veröffentlichte. Auch sein späterer Beruf, das war ihm schon damals klar, sollte etwas mit der Literatur zu tun haben. Und so entschied er sich nach dem Abitur für den Besuch der Schauspielschule. Freilich konnte er auch in dieser Zeit nicht ganz vom Schreiben lassen, während andere sich bei Sport- und Varietéveranstaltungen unterhielten, zog sich Michael meist auf sein Zimmer zurück und arbeitete an seinen Theaterstücken und Hörspielen. Die Geschichte von Jim Knopf hatte es ihm angetan. Immer wieder griff er nach dem Manuskript, verbesserte, ergänzte, erweiterte, alles drehte sich nur noch um König Alfons und Frau Malzahn. Wie enttäuscht war er, als er das Manuskript vom ersten Verlag zurückgesandt bekam: „Zu unrealistisch! Nur bedingt tauglich!" Auch der zweite und dritte Versuch scheiterten: „Passt nicht in unser Verlagsprogramm!" – „Im Moment keine Kapazitäten frei!" Diese und viele andere Begründungen musste er sich anhören. Beim achten Verlag schließlich traf er auf einen Lektor, der die Qualität des Werkes erkannte. „Jim Knopf" wurde 1960 veröffentlicht und erhielt schon im folgenden Jahr den deutschen Jugendbuchpreis. Damit hatte er den Durchbruch geschafft. Es folgten viele andere wunderbare Kinderbücher, darunter 1972 „Momo" und 1979 „Die unendliche Geschichte". So gehörte Michael Ende, als er im Jahre 1995 in Stuttgart starb, zu den bekanntesten und erfolgreichsten Kinderbuchautoren weltweit. Viele seiner Werke sind verfilmt worden und haben schon vielen Kindern und Erwachsenen sehr viel Freude gebracht. Was wohl geschehen wäre, wenn auch der achte Verlag den „Jim Knopf" abgelehnt hätte? Gar nicht auszudenken!

2 Erörtern

Ü1 **1.** b); **2.** a); **3.** c)

Ü2 **Pro:** 2. Viele Dinge werden durch die neuen Regeln einfacher. 4. Sprache ist lebendig, sie verändert sich stetig, daher sollte man auch von Zeit zu Zeit die Regeln der Rechtschreibung überarbeiten. 6. Die Schülerinnen und Schüler haben sich viel schneller an die neuen Regeln gewöhnt als viele Politiker.
Kontra: 1. Die Rechtschreibreform macht alles viel komplizierter. 3. Was einhundert Jahre gut war, kann doch nicht plötzlich schlecht sein. 5. Auch wir haben die schwierigen Rechtschreibregeln lernen müssen.

Ü3 **1.** Nikotin ist ein starkes Gift, das in größeren Mengen lähmend auf Gehirn, Atmung, Verdauung und Herztätigkeit wirkt. **2.** Ungewohnter oder übermäßiger Tabakgenuss führt zu einer Nikotinvergiftung mit Übelkeit, Erbrechen, Kopfschmerzen, Schwindel, Herzklopfen. **3.** Bei jahrelangem starkem Rauchen führt es zur chronischen Nikotinvergiftung mit Magenerkrankungen, Reizbarkeit, Seh- und Durchblutungsstörungen.

Ü4 **2.** Voraussetzung für eine gute Ernte ist, dass es in der ersten Wachstumsperiode der Pflanze ausreichend Feuchtigkeit gibt und dass nur relativ geringe Temperaturen herrschen.
3. Morgen wirds schön, wir können fahren.
4. Bei der letzten LISA-Studie ist nachgewiesen worden, dass sportliche Schülerinnen und Schüler auch in den anderen Fächern bessere Leistungen erbringen.

Ü5 **Bild 1:** Diskussion im Parlament: Argumente a), c)
Bild 2: Diskussion am Stammtisch: Argumente b), e), f)
Bild 3: Diskussion unter Schülern: Argumente d), g), h)

Ü6 Wenn viele Menschen zur Versteigerung kommen, kommt bestimmt viel Geld zusammen. ↔ Mit einem Sponsorenlauf können wir mehr Geld zusammenbekommen.
Bis zum Ende des Schuljahres haben wir noch viel Zeit. ↔ In den zwei Stunden Kunst in der Woche schaffen wir nicht genug.
Die Auktion wird viele Menschen dazu bewegen, hoch zu bieten. ↔ Wenn viele bieten, gibt es auch enttäuschte Bieterinnen und Bieter.
Ich finde es toll, wenn ich mit meinem Kunstwerk unsere Partnerschule unterstützen kann. ↔ Was ich im Kunstunterricht gemacht habe, will ich behalten.
Die Eltern werden sicherlich unsere Arbeiten ersteigern. ↔ Wer sollte sich für unsere Kunstobjekte schon interessieren?

Ü7 **1.** Ich bin für Campingurlaub, weil b) man dabei sehr viel in der freien Natur sein kann (bestes Argument); c) man dabei im Vergleich zu einer Ferienwohnung fünf Euro am Tag sparen kann (zweitbestes Argument); a) meine Oma früher auch immer Campingurlaub gemacht hat (drittbestes Argument).
2. Ich möchte mit der Bahn in den Sommerurlaub fahren, weil b) das viel ökologischer ist, als mit anderen Verkehrsmitteln zu reisen (bestes Argument); a) die Bahn verspricht, dass es viel entspannender ist, als mit dem Auto zu reisen (zweitbestes Argument); c) mein Opa auch so gerne Bahn fährt (drittbestes Argument).
3. Ich möchte in diesem Jahr mal in den Bergen Urlaub machen, weil c) ich gerne wandern und die Bergwelt der Alpen erleben möchte (bestes Argument); a) wir in den letzten Jahren immer an der Nordsee waren (zweitbestes Argument); b) das Wetter in den Bergen immer besser ist als an der Nordsee (drittbestes Argument).

Ü8 **Lösungsvorschlag:**
1. a) der sinnvolle Umgang mit dem Internet muss erlernt werden; b) gute Möglichkeit, sich schnell zu informieren; c) viele haben zu Hause noch kein Internet.
2. a) nur so können sie das Schulleben mitgestalten; b) sie lernen, ihre Meinung zu vertreten; c) sie sollten das Engagement der Schülervertreter und -vertreterinnen honorieren.
3. a) ausgewogene Ernährung ist wichtig für die Entwicklung und damit auch für den Schulerfolg; b) frisch gemachte Brötchen schmecken besser; c) die Cafeteria kann als Treffpunkt dienen.

Ü9 **1. These:** Die erste große Pause sollte auf eine halbe Stunde verlängert werden. **Argumente:** c) Im Pausenladen ist es meistens so voll, dass die Pause nicht ausreicht, um in Ruhe das gekaufte Brötchen zu essen. f) Durch eine ausreichende Entspannung in einer längeren Pause würde die Konzentration in den folgenden Stunden steigen. i) Die Klassenlehrerin hat mehr Zeit für die Schülerinnen und Schüler.
2. These: In jedem Schuljahr sollte jede Klasse eine mehrtägige Studienfahrt machen. **Argumente:** a) Eine Klassenfahrt ist wichtig für eine gute Atmosphäre in der Klasse. d) Wenn man in Deutschland bleibt, ist eine Klassenfahrt nicht

so teuer. h) Die Schülerinnen und Schüler lernen vor Ort sowieso am besten.
3. These: Die Schule sollte in den Ferien für Sportangebote geöffnet sein. **Argumente:**
b) Weil viele Vereine in den Ferien geschlossen haben, würden die Schülerinnen und Schüler sich gerne in der Schule sportlich betätigen.
e) Für die Aufsicht in der Turnhalle würde ein Lehrer pro Tag genügen. g) Der Hausmeister ist den größten Teil der Ferien ohnehin da.

Ü10 Lösungsvorschlag:
Argumente zu These 1: a) die Paten können auf die persönlichen Fragen der Fünftklässler besser eingehen; b) die Fünftklässler fühlen sich an der neuen Schule dann gleich heimisch.
Argumente zu These 2: a) für mehr Arbeiten kann man nicht konzentriert lernen; b) sonst muss man seine Aktivitäten am Nachmittag sehr einschränken.
Argumente zu These 3: a) die älteren Schülerinnen und Schüler wiederholen dabei automatisch den Stoff der unteren Klassen; b) die älteren Schülerinnen und Schüler lernen so, sich sozial zu engagieren.

Ü11 Lösungsvorschlag:
a) Wir Schülerinnen und Schüler sind dagegen, unsere Klassenräume selbst zu reinigen, weil es dafür eigens eingestellte Reinigungskräfte gibt.
b) Wir sind der Meinung, dass die Stadt auch für diese Arbeit Geld ausgeben sollte, weil wir in der Schule sind, um Inhalte vermittelt zu bekommen und nicht, um zu arbeiten.
c) Wenn wir demnächst auch noch die Toiletten putzen müssen, könnte dies zu hygienischen Problemen führen.
d) Wir fragen uns, ob in unserer Stadt alle gleich behandelt werden und ob der Bürgermeister auch sein Büro putzen muss?
e) Verantwortungsvolle Ratsmitglieder dürfen so einen Entschluss nicht fassen.

Ü12 Lösungsvorschlag:
Sehr geehrter Herr Winter,
vor zehn Tagen habe ich bei Ihnen den Bürostuhl XP gekauft, der trotz sorgfältigen Umgangs bereits defekt ist. Als ich den Stuhl kaufte, habe ich mich auf den guten Namen Ihrer Firma verlassen. Für den Preis habe ich ein langlebiges Produkt erwartet. Die Rückenlehne ist bei normalem Anlehnen abgebrochen. Da die Garantiezeit gerade erst abgelaufen ist, bitte ich Sie, den Stuhl zu ersetzen.
Mit freundlichen Grüßen
Peter Klawuttke

Ü13 Lösungsvorschlag:
Sehr geehrte Damen und Herren,
gestern habe ich in Ihrer Zeitung gelesen, dass der Stadtrat die Schließung des Freibads beschlossen hat. Ich finde das unerhört, wieder wird am falschen Ende gespart. Einerseits wird die Initiative „Sport tut Deutschland gut“ mit viel Geld unterstützt und andererseits wird den sportinteressierten Menschen mal wieder eine Möglichkeit genommen, sich fit zu halten. Auch dass für die Jugendlichen erneut ein attraktives Freizeitangebot in unserer Stadt wegfällt, scheint mir von den Ratsmitgliedern nicht hinreichend bedacht worden zu sein. Vielleicht aber gibt es durch den Einsatz von ehrenamtlichen Kräften und das Engagement unseres Schwimmvereins doch noch eine Möglichkeit, unser Freibad zu erhalten. Alle Beteiligten sollten sich noch einmal an einen Tisch setzen und gemeinsam eine Lösung suchen. (...)

Check-up Kapitel 2

A2 **1.** Förderung der Klassengemeinschaft; **2.** sorgfältigerer Umgang mit dem Klassenraum; **3.** in der Klasse viele Hobbyhandwerker; **4.** kein hoher Arbeitsaufwand; **5.** Klasse ein Dreckloch; **6.** kein dreckiger Arbeitsplatz mehr.

A3 **1.** Viele haben keine Zeit zum Streichen. **2.** Die Materialkosten sind sehr hoch. **3.** In einer schmuddeligen Klasse muss man nicht so aufpassen. **4.** Der örtliche Malermeister muss auch ausreichend Aufträge haben. **5.** Nicht jeder ist handwerklich geschickt.

A4 Lösungsvorschlag:
Ich bin dafür, die Klasse selbst zu streichen, weil die Klasse hinterher sicherlich stolz auf ihren selbst gestrichenen Klassenraum ist.

A5 Lösungsvorschlag:
Durch eine gemeinsame Renovierungsaktion wird die Klassengemeinschaft gefördert. Auch hoffe ich darauf, dass wir alle dann sorgsamer mit unserem Klassenraum umgehen. Viele unserer Eltern haben Erfahrung beim Tapezieren und wenn alle anpacken, ist der Arbeitsaufwand für den Einzelnen nicht so groß. Das wichtigste Argument ist für mich aber, dass sich ohne unser Engagement gar nichts tun würde und wir weiterhin in einem solchen dreckigen, schmuddeligen Klassenraum Unterricht hätten.

A5 Lösungsvorschlag:
Ich plädiere also dafür, dass wir diese Aufgabe gemeinsam angehen, ich möchte mich endlich

wieder einigermaßen wohl fühlen in diesem Raum und hoffe, dass eine solche Aktion den Zusammenhalt in der Klasse fördert.

A7 Lösungsvorschlag:
1. In den letzten Tagen haben wir intensiv darüber diskutiert, ob wir unseren Klassenraum gemeinsam mit unseren Eltern renovieren wollen. Wir waren uns alle darüber einig, dass der Raum schmuddelig aussieht und dass wir uns hier überhaupt nicht mehr wohl fühlen. Uneinig aber waren wir darüber, ob es unsere Aufgabe sein kann, die Renovierungsarbeiten durchzuführen.
2. Es gibt zwar gute Argumente dafür, dass diese Arbeiten nicht von uns durchgeführt werden, ich bin aber dennoch der Meinung, dass wir uns hier engagieren sollen, weil sich sonst vermutlich nichts ändern wird und wir noch im nächsten Jahr in einem so hässlichen Klassenraum sitzen werden.
3. Ich habe Verständnis dafür, dass viele sagen, dass sie am Wochenende etwas anderes zu tun hätten. Auch diejenigen haben Recht, die meinen, dass es nicht die Aufgabe der Eltern sein kann, Aufgaben, die eigentlich die Stadt erledigen müsste, zu übernehmen. Dem Argument, dass man schließlich Steuern zahle, damit der Staat Schulen unterhalten könne, kann ich auch nicht widersprechen. Manche behaupten auch, dass diese Arbeiten zu schwierig seien und wir sie nicht bewältigen könnten, das sehe ich ganz anders. Aber es stimmt natürlich, dass unserem örtlichen Malermeister ein wichtiger Auftrag verloren geht, wenn wir diese Arbeiten ausführen. Dennoch bin ich dafür, die Klasse zu streichen, weil ... (↑ Lösungen zu Aufgaben 3 und 4).
4. Nach Abwägung aller Pro- und Kontra-Argumente komme ich zu dem Ergebnis, dass wir die Renovierungsarbeiten angehen sollten, natürlich gibt es auch gute Gegenargumente, das hat unsere kontroverse, aber jederzeit sachlich und faire Diskussion gezeigt, aber das wichtigste Argument scheint mir nach wie vor zu sein, dass sich sonst wahrscheinlich nichts verändern wird und dass ich wirklich nicht länger in einem solch schmuddeligen Raum arbeiten will.

3 Umgang mit Texten

Ü1 Links: Fabel
Die Mäßigung des Wolfs
„Sie sehen doch, mein Herr, dass ich nicht so gefräßig bin, wie mich meine Feinde insgeheim darstellen“, sprach ein an der Kette fortgeschleifter Wolf zum Jäger, indem er auf einige übrig gelassene Knochen zeigte. „Du sollst auch“, antwortete ihm jener, „nicht wegen der Knochen, sondern wegen des Fleischs büßen, das du davon gefressen hast.“

Rechts: Märchen
Vom tölpelhaften Bauern
Es war einmal ein Mann, der war immer übel gelaunt und vergrätzt. Einmal in der Erntezeit kam er spät am Abend vom Feld zurück und fing sofort an zu schelten und zu toben. „Ach, Väterchen“, sagte die Frau, „morgen wollen wir mal die Arbeit tauschen: Ich gehe dann mit den Schnittern ins Feld und du besorgst das Haus.“

Ü2 Lehre c)

Ü3 **1.** wohlfeil: preiswert, günstig **2.** ein abgeschliffener Sechser: Münze, Wert etwa drei Cent **3.** ein Taler: Münze, Wert etwa 1,50 Euro **4.** ein durchtriebener Schalk: ein hinterhältiger Spaßmacher **5.** ein Vierundzwanzigkreuzerstück: Münze, Wert etwa 1/6 Taler **6.** Tort und Schimpf: Verletzungen und Schande, alles Böse **7.** Frieden ernährt, aber Unfrieden verzehrt: im Frieden kann man gut leben, aber im Unfrieden muss man sich sehr einschränken.

Ü4 **1.** etwa drei Cent **2.** für etwa 1,50 Euro **3.** weil er dann immer behaupten kann, gar nicht mehr verlangt zu haben, als er bezahlen kann **4.** weil der Wirt nicht wissen soll, dass er nur wenig Geld bei sich hat.

Ü5 **Einleitung:** Zeile 1–2 : Lehre und Überleitung zu einer besonderen Situation.
Hauptteil: Zeile 3–12: der Gast kommt zum Löwenwirt und speist dort ausgiebig;
Zeile 13–18: Versuch des Löwenwirts, auch seinen Konkurrenten zu schädigen;
Zeile 19–22: der Gast erweist sich als schlauer und sagt, dass er das Gleiche schon beim Bärenwirt erfolgreich ausprobiert hat.
Schluss: Zeile 23–26: Wiederaufgreifen und Weiterführen der Lehre.

Ü6 **1.** im ersten und im letzten Abschnitt. **2.** Der Wirt hat ja dem Gast zunächst keine Grube gegraben. Er beabsichtigt, seinem Konkurrenten zu schaden (= eine Grube zu graben), ist aber selber schon vorher auf den Gast hereingefallen (sitzt also sprichwörtlich in der Grube).

Ü7 **Lösungsvorschlag:**
... in Unfrieden lebte. Er konnte es einfach nicht ertragen, dass der Kirschbaum des Nachbarn

immer die besten Früchte trug, und so grub er dem Baum im Herbst die Wurzeln ab. Als der Kirschbaum im kommenden Frühjahr keine Blätter trug und nicht zu blühen begann, war sein Nachbar sehr traurig, unser Schrebergärtner aber lachte sich ins Fäustchen. Aber nur bis er wenige Wochen später merkte, dass sein Apfelbaum, der ganz in der Nähe der Grundstücksgrenze stand, auch nicht ausschlug. Da erkannte er, dass er im Eifer auch die Wurzeln seines eigenen Baumes beschädigt hatte.

Ü8 Es handelt sich um eine Sage. Es ist kein Märchen, weil eine Jahreszahl, die Namen der Beteiligten und der Ort des Geschehens benannt sind. Der zweite Text ist ein Lexikoneintrag.

Ü9 Sage: Weil er mit dem Teufel gewettet und verloren hatte.
Wirklichkeit: Der Kölner Dom ist so groß, dass er gar nicht zu Lebzeiten eines Menschen fertig gestellt werden konnte.

Ü10 a) Der Text ist eine Sage.
b) Vom Märchen unterscheidet er sich dadurch, dass die Namen der Beteiligten und der Ort des Geschehens benannt sind. Von der realistischen Erzählung unterscheidet er sich, weil von fantastischen, übernatürlichen Fähigkeiten Dietrichs (Feuerspucken) erzählt wird.

Ü11 1. TAR**N**KAPPE – 2. S**I**EGFRIED – 3. **B**RUNHILDE – 4. DRACH**E**NBLUT – 5. LINDENB**L**ATT – 6. G**U**NTHER – 7. BURGU**N**DER – 8. HA**G**EN – 9. KRI**E**MHILD – 10. DRACHE**N**KAMPF
Lösungswort: **NIBELUNGEN**

Ü12 Lösungsvorschlag:
Ein Bauer prahlte gern damit, den schönsten und größten Hof weit und breit zu haben. Ein fremder Herr auf der Durchreise geriet an diesen Bauern. „Schau“, so sagte dieser hochmütig, „ich zeige dir einen Hof, wie du nie einen gesehen hast, und Vieh, das fetter ist, als du es dir vorstellen kannst.“ Der Teufel, denn das war der fremde Herr, bot ihm eine Wette an. „Was gibst du mir, wenn ich dir im Herbst eine Kuh zeige, die noch einmal so fett ist wie dein bestes Tier?“ „Meine Seele!“, antwortete der Bauer gedankenlos. Der Teufel aber erfuhr von der Bauersfrau, auf welche Weise der Bauer einen so hohen Ertrag erzielen konnte. Als der verabredete Tag gekommen war, präsentierte der Teufel dem Bauern wirklich eine Kuh, die doppelt so schwer war wie die des Bauern. Der Bauer wurde darüber verrückt, sein ehemals prächtiges Bauernhaus ist seitdem verfallen.

Ü14 Der Text ist eine Ballade.

Ü15 Zwinger: Käfig; Schweif: Schwanz; Reif: Kreis, Bogen; Leu: Löwe; speit ... aus: spuckt aus; Altan: Balkon; keck: vorwitzig, mutig

Ü16 Die Hauptfiguren sind Delorges und Kunigunde. Der König, die Ritter und die Edelfrauen sind Nebenfiguren. Im Löwengarten des Königs Franz spielt sich das Ganze ab.

Ü17 1. Im Löwengarten von König Franz findet ein Kampfspiel statt. **2.** Der Handschuh von Edelfrau Kunigunde fällt in den Ring, sie fordert Ritter Delorges auf, ihn für sie herauszuholen. **3.** Ritter Delorges holt ihn heraus, wirft ihn Kunigunde ins Gesicht und verlässt sie.

Ü18 In der Ballade „Der Handschuh“ von Friedrich Schiller geht es um den Hochmut eines Edelfräuleins und den Stolz eines Ritters, der sich nicht demütigen lassen will und sie deshalb verlässt.

Ü19 Abbildung 1c passt am besten zu Ritter Delorges, weil sie einen stolzen, mutigen Edelmann darstellt.
Textstellen: Er steigt mutig in den Zwinger (Zeile 53), er bewahrt unter den Löwen einen festen Schritt (55) und hebt den Handschuh mutig auf. Dass er stolz ist, zeigt sich daran, dass er Kunigundes Dank, die ihn auf die Probe stellen wollte, ausschlägt und sie verlässt (66/67).
Abbildung 2a passt am besten zum Edelfräulein Kunigunde, weil sie eine arrogante, hochnäsige Edelfrau darstellt.
Textstellen: Sie spricht in spottender Weise (Zeile 48) mit Ritter Delorges und stellt ihn auf die Probe, er soll seine Liebe zu ihr unter Beweis stellen.

Ü20 Das Tempus ist das Präsens. Die Sprache der Inhaltsangabe ist sachlich. Meinungen, Ausschmückungen und Wertungen gehören nicht in die Inhaltsangabe. Direkte Textzitate und wörtliche Rede gehören nicht in die Inhaltsangabe, sie müssen umschrieben bzw. in die indirekte Rede gesetzt werden.

Lösungsvorschlag:
In der Ballade „Der Handschuh“ von Friedrich Schiller geht es um den Hochmut eines Edelfräuleins und um den Stolz eines Ritters, der sich von dieser nicht demütigen lassen will und sie deshalb verlässt. Im Löwengarten von König Franz findet ein Kampfspiel statt. Viele Ritter und Edelfrauen sind gekommen, um sich die gefährlichen Tiere anzusehen. Da fällt ein Handschuh in die Arena. Das Edelfräulein Kuni-

gunde bittet den Ritter Delorges darum, als Beweis seiner Liebe den Handschuh aus der Mitte der Tiere wieder heraufzuholen. Ritter Delorges springt in die Arena und holt den Handschuh heraus, am Ende aber wirft er ihn dem Edelfräulein ins Gesicht und verlässt sie, weil er sich von ihr nicht demütigen lassen will.

Check-up Kapitel 3

A1 **1.** Eiland: Insel **2.** Nymphen: weibliche Naturgottheiten **3.** betören: verzaubern **4.** Gestade: Ufer **5.** Zauberweisen: schöne Melodien **6.** ein Kind des Todes sein: vom Tod bedroht sein **7.** moderndes Gebein: verwesende Knochen **8.** gelinde: sanft **9.** die Segel bergen: die Segel einholen

A2 **1.** Die Sirenen locken die Vorüberfahrenden durch ihren Gesang an. **2.** Denjenigen, die sich von den Sirenen anlocken lassen, droht der Tod. **3.** Es liegen schon viele Leichen am Strand. **4.** Das Schiff hält an, weil es völlig windstill wird. **5.** Sie versuchen zu rudern.

A3 Der Taucher: Ballade; König Laurins Rosengarten: Sage; Der fliegende Koffer: Märchen; Der Löwe und der Hase: Fabel

A4 **1.** zu tun pflegt: für gewöhnlich tut; **2.** verloren geschätztes Geld: verloren geglaubtes Geld; **3.** ein Taler: Münze, Wert etwa 1,50 Euro; **4.** Ehrlich währt am längsten: Man soll immer ehrlich bleiben, das ist auf die Dauer am besten; **5.** Unrecht schlägt seinen eigenen Herrn: Wer etwas Unrechtes tut, wird irgendwann selbst den Schaden davontragen; **6.** unbescholten: aufgrund eines einwandfreien Lebenswandels; **7.** Rechtschaffenheit: Ehrlichkeit, Anständigkeit: **8.** Gesinnung: Haltung, Einstellung eines Menschen, Charakter.

A5 Zeile 1–4: Einleitung; Zeile 4–8: Geschichte vom verlorenen und wiedergefundenen Geld; Zeile 8–21: Streit zwischen dem reichen Mann und dem Finder; Zeile 21–29: Entscheidung des klugen Richters.

A6 **Lösungsvorschlag:**
In der Kalendergeschichte „Der kluge Richter" von Johann Peter Hebel geht es um einen reichen Mann, der, weil er nie genug bekommen kann, letztlich viel Geld verliert.
Dieser reiche Mann hat 700 Taler, die in ein Tuch eingenäht waren, verloren. Er verspricht dem Finder eine Belohnung von einhundert Talern. Als aber ein ehrlicher Finder das Geld findet und es dem reichen Mann zurückgeben will, da behauptet der, dass sich in dem Tuch 800 Taler befunden hätten und dass der Finder sich schon einhundert Taler von der Summe genommen habe. Der Finder, dem es weniger um das Geld als um seine Ehre geht, möchte das nicht auf sich sitzen lassen und wendet sich an einen Richter. Dieser entscheidet, dass es sich bei dem gefundenen Geld nicht um das Geld des reichen Mannes handeln könne. Der Finder darf die 700 Taler vorerst behalten und der reiche Mann geht leer aus.

4 Umgang mit Medien

Ü1 **Wer?** zwei Insassen eines Pkw; **Was?** Verkehrsunfall; **Wann?** gestern, 23.07.05; **Wo?** in Essen; **Wie?** Wagen prallt auf einen auf der Fahrbahn liegenden Baum; **Warum?** Baum war durch ein Unwetter entwurzelt worden und in einer unübersichtlichen Kurve auf die Fahrbahn gefallen; **Mit welchen Folgen?** Fahrer wurden zur Beobachtung ins Krankenhaus gebracht.

Ü2 Gestern Nachmittag kam es in der Bahnhofstraße in Hof zu einem Verkehrsunfall. Der Fahrer eines grünen VW Golfs ~~(Baujahr 1987)~~ missachtete die Vorfahrt einer ~~37-jährigen blonden~~ Radfahrerin, ~~die vom Zahnarzt kam~~. Der Pkw-Fahrer, ~~der zuvor in einem Schnellrestaurant gegessen hatte~~, gab an, durch die tief stehende Sonne geblendet worden zu sein und die Radfahrerin deshalb nicht gesehen zu haben. Die Polizei nahm die Personalien der am Unfallgeschehen Beteiligten auf. Die Radfahrerin, ~~die am 29. Februar geboren wurde~~, zog sich nur leichte Verletzungen zu. An den Fahrzeugen entstand ein Sachschaden von 1500 Euro.

Ü3 300 Kinder und Jugendliche haben am Samstag im Wuppertaler Zoo an einer Schildkrötenrallye teilgenommen. Im Rahmen eines Quizspiels mussten sie Fragen zu den Lebensbedingungen und Lebensgewohnheiten der Schildkröten beantworten. Für die Gewinner gab es attraktive Sachpreise.

Ü4 (4) Ein Pferd hat am Samstag im Alten Land bei Hamburg mit seinem brennenden Schweif eine Scheune in Brand gesetzt. (6) Nach Auskunft der Polizei hatte ein 48-jähriger Mann versucht, in dem Gebäude eine zugefrorene Wasserleitung mit einem Bunsenbrenner aufzutauen. (2) Dabei fing der Schweif des Pferdes Feuer. (3) Als es in Panik davonstob, gerieten einige Strohballen in Brand. (1) Die Flammen griffen schnell auf den Dachstuhl der Scheune über. (3) Der Bauer selber konnte den Brand nicht löschen. (8) Die Feuerwehr wurde dann aber schnell Herr der Flammen. (7) Auch das Pferd wurde gerettet.

■ **Ü5** ~~ein paar Verrückte~~: Unbekannte; ~~super ausgestatteten und wahnsinnig teuren Mercedes-Geländewagen~~: neuwertigen Geländewagen; ~~mickriger Renault Clio~~: Kleinwagen; ~~super großen Hitze~~: Flammen; ~~Kriminellen~~: Täter; ~~total zertrümmert~~: zerstört; ~~verwerflichen~~ Taten

Unbekannte haben in der Nacht zum Montag in der Albertstraße in Schweinfurt einen Sachschaden von über 50 000 Euro angerichtet. Gegen 3.10 Uhr zündeten sie einen neuwertigen Mercedes-Geländewagen an. Das Fahrzeug brannte vollständig aus. Auch ein neben diesem Wagen geparkter Kleinwagen wurde durch die Einwirkung der Flammen beschädigt. Wahrscheinlich waren es die gleichen Täter, die in derselben Nacht die Seitenscheiben von zwei weiteren in dieser Straße geparkten Autos zerstört haben. Wer Beobachtungen zu diesen Taten machen konnte, soll sich bitte bei der Polizei melden.

■ **Ü6 Lösungsvorschlag:**
Konzertveranstaltung abgesagt
Wegen des großen Unwetters musste die Konzertveranstaltung im Stadion gestern abgesagt werden. Die meisten Plätze im Stadion waren schon besetzt, als dichte Regenwolken aufzogen. Das anschließende heftige Gewitter ließ die Veranstalter das Konzert aus Sicherheitsgründen absagen.

■ **Ü7** **1.** B; **2.** R; **3.** R; **4.** B; **5.** R

■ **Ü8** Nun haben die Projekttage also stattgefunden. Fragt man die Beteiligten nach ihren Eindrücken, so bekommt man unterschiedliche Auskünfte. Von <u>begeisterter Zustimmung</u> bis zu <u>vernichtender Kritik</u> und – was noch schlimmer ist – <u>gelangweilter Gleichgültigkeit</u> reichen die Reaktionen. Projekttage geben – <u>in der Theorie</u> – jedem die Chance, auf einem bestimmten Gebiet praktisch zu arbeiten. Die Möglichkeit, mit Schülern aus unterschiedlichen Jahrgangsstufen zusammenzuarbeiten, und die selbstständige Arbeit an einem konkreten Projekt machen diese alternative Form des Lernens so reizvoll. Inwiefern diesem Anspruch gerecht geworden ist, muss jeder für sich bewerten. Insgesamt gilt: Projekttage, die von den Jugendlichen zwar <u>vehement eingefordert werden</u>, bei deren Vorbereitung sie sich aber <u>vornehm zurückhalten</u>, und die im schulischen Leben keine herausgehobene Stellung haben, sondern <u>so nebenbei eben auch noch gemacht werden – müssen? –, verdienen diesen Namen nicht, man sollte sie sich schenken!</u>

■ **Ü9** **<u>Sachinformationen:</u> Wer?** Schülerinnen und Schüler, Lehrerinnen und Lehrer, Schulleiter, Eltern; **Was?** Schulfest mit unterschiedlichsten Programmpunkten; **Wann?** am vergangenen Samstag; **Wo?** im Goethe-Gymnasium; **Wie?** buntes Programm, viele verschiedene Aktivitäten; **Warum?** Schulfest aus Anlass des Schuljubiläums; **Mit welchen Folgen?** in jeder Hinsicht ein voller Erfolg.
<u>Atmosphäre/Stimmung:</u> positiv besetzte Begriffe: Engagement, völlig ausgeflippt, Begeisterung, super Stimmung, Spektakel, beinah schon professionellen Bühnenshow, begeisterte Oberstufenschülerin, fleißig;
O-Töne: „Super Stimmung hier, weiter so!“, „... das war der Hammer“, „einfach Klasse“, „in jeder Hinsicht ein voller Erfolg“.

■ **Ü10** **Text A** ist eine Reportage, weil die Arbeit in der Theater-AG aus persönlicher Sicht dargestellt wird.
Text B ist ein Bericht, weil die Arbeit in der Projektgruppe sachlich dargestellt wird.
Text C ist ein Kommentar, weil zu einer Sachfrage kritisch Stellung genommen wird.

■ **Ü11** FC 09: Trainer; Verkehrsunfälle: Polizist; Unwetter: Bauer; Banklehre: Bankangestellte; Jugendzentrum: Bürgermeisterin; Stadttheater: Schauspielerin

■ **Ü12** **Abraham Lincoln:** 1809–1865; Präsident der USA, Aufhebung der Sklaverei, aus: Der Brockhaus in einem Band.
Stanley Kubrick: 1928–1999, Filmregisseur, gesellschaftskritische Filme, aus: Der Brockhaus in einem Band.
Elsa Brandström: 1888–1948; Einsatz für deutsche Kriegsgefangene in Sibirien im Ersten Weltkrieg, Engel von Sibirien, aus: Meyers Taschenlexikon.
Theodor Fontane: 1819–1898; deutscher Schriftsteller; Effi Briest, Der Stechlin, aus: Schülerduden Literatur.

■ **Ü13** **links:** Ein 23-jähriger Motorradfahrer fuhr am vergangenen Freitag um 17.00 Uhr mit leicht überhöhter Geschwindigkeit auf einen haltenden Pkw auf. Am Motorrad und am Pkw entstand leichter Sachschaden.
rechts: In Kassel sperrte ein dreijähriges Mädchen seine Mutter im Schlafzimmer ein, um ungestört fernzusehen. Die Mutter alarmierte

die Polizei, die sie mit einem Ersatzschlüssel befreien konnte.

Ü14 Lösungsvorschlag:
..., welche Gründe gibt es für die Schließung des Jugendzentrums? Wie erklären Sie es sich, dass in unserer Nachbarstadt ein Jugendzentrum eröffnet wird, während es bei uns geschlossen wird? Was können wir tun, damit das Jugendzentrum erhalten bleibt? Welche anderen Angebote zur Freizeitgestaltung wird die Stadt machen? Wie passt ihr Wahlversprechen, „mehr für Kinder und Familien zu tun", zur Schließung des Jugendzentrums?

Ü15 Lösungsvorschlag:
Das Sportamt bietet in Zusammenarbeit mit dem Stadtsportbund ein Sicherheitstraining für Inlineskater an. Die Teilnehmerinnen und Teilnehmer erlernen das Bremsen sowie das Kurven- und Rückwärtsfahren. Der zweistündige Kurs findet am Samstag, 4. Juni, 10–12 Uhr, in der Stadthalle statt. Ein weiterer Termin ist eine Woche später. Die Kosten betragen für Erwachsene 30, für Kinder 15 Euro.

Ü16 Lösungsvorschlag:
Riesenstimmung im Stadion
„Ole, hier kommt der VfB!", so stimmten die Fans des VfB ihre lautstarken Gesänge im ausverkauften Stadion an. Das Spiel zwischen dem VfB und dem FC aber hielt zunächst nicht, was sich die Zuschauer von ihm versprochen hatten. In der ersten Viertelstunde gab es nur wenige gute Spielzüge und kaum Torchancen. Erst in der 18. Minute der erste Höhepunkt: Oktay prüft TW Martin mit einem harten Linksschuss, der aber pariert glänzend. Jetzt gibt es auf beiden Seiten Torchancen im Minutentakt, und in der 37. Minute ist es so weit: Hertel trifft mit einem klugen Heber: 1:0 für den VfB! Halbzeitpfiff, beide Mannschaften werden mit großem Applaus in die Pause verabschiedet. 57. Spielminute: Großchance für Felix Schrauber, sein Linksschuss landet am Pfosten. In der 77. Minute stürmt der eingewechselte Claaßen im Alleingang auf das FC-Tor, er umspielt den Torhüter und schiebt zum 2:0 ein. Die Schlussoffensive des FC bringt nur noch den Anschlusstreffer durch Schrauber (88.). „Das war heute ein sehr hochklassiges Spiel", so FC-Trainer Merkel nach dem Schlusspfiff, „ich kann meiner Mannschaft keinen Vorwurf machen, die Niederlage war sehr unglücklich." Manager Zebec (VfB) ist hochzufrieden: „Das waren drei wichtige Punkte im Kampf gegen den Abstieg."

Ü17 Katze: Futter, wie Katzen es mögen. Reich an Vitaminen und Spurenelementen. Glänzendes Fell für ihre Katze. Eine wohlig schnurrende Katze. Unterschiedliche Geschmacksrichtungen. Werbespruch: Kaufen Sie Katzi!
Junge: Fit und gesund. Alle Geräte werden regelmäßig gewartet. Erstellen eines individuellen Fitnessprogramms. Das ganz Jahr geöffnet. Werbespruch: Trainieren und wohlfühlen!

Ü18 Lösungsvorschlag:
1. Esst Erdbeereis von Erdmann! **2.** Durch Wald und Wiese wirst du wandern! **3.** Der Duden, Deutsch für Denker! **4.** MP3 macht Mädels munter! **5.** Strong stärkt ständig!

Ü19 Lösungsvorschlag:
Sophie: Morgen ist eine tolle Party. Die süßen Jungs aus der 7d kommen fast alle.
Lisa: Das ist doch klasse. Es wird bestimmt ein lustiger Abend.
Sophie: Im Prinzip schon, aber meine Haare. Sieh sie doch nur an, diese struppigen Strähnen. So kann ich mich nicht blicken lassen.
Lisa: Kein Problem! Du nimmst einfach Haargel von Hair und siehst aus wie neu gestylt.
Sophie: Wenn du meinst. Du bist meine beste Freundin. Her damit. Ich werde es sofort ausprobieren.
Lisa: Und morgen bist du die Königin der Party und alle werden dich um deine supergestylten Haare beneiden.

Ü20 Lösungsvorschlag:
Fahren Sie bei geöffnetem Verdeck über Berg und Tal und genießen Sie die Umgebung. Ein warmer Luftzug umspielt ihr Gesicht und ihre Ohren nehmen das Zirpen der Grillen wahr. Sie kommen ruhig und entspannt an ihrem Ziel an!

Ü21 Lösungsvorschlag:
Kaufen Sie den neuen Sportschuh! Mit seinem atmungsaktiven Netzgewebe und seiner biegsamen Sohle ist er eine Wohltat für jeden Fuß. Die Einlegesohlen sorgen für Luftigkeit und lang anhaltendes Wohlbefinden. Der Schuh ist auch in Zwischengrößen und mehreren Farbkombinationen erhältlich. Der Preis für diesen hochwertigen Sportschuh beträgt nur 69 Euro.

Check-up Kapitel 4

A1 Wer? Was? Wann? Wo? Warum? Wie? Mit welchen Folgen?

A2 **Wer?** Lkw; **Was?** fährt 13-jährigen Radfahrer an; **Wann?** am Montagmorgen um

7.30 Uhr; **Wo?** Berliner Straße in Höhe der Moorstraße; **Warum?** Lkw-Fahrer wollte rechts abbiegen; **Wie?** Dabei hat er den Radfahrer auf dem Radweg zu spät bemerkt; **Mit welchen Folgen?** Junge fiel nach rechts auf den Bürgersteig und zog sich Prellungen an Schulter und Hüfte zu.

A3 Lösungsvorschlag:
Ab Donnerstag läuft in den Kinos ein Film der Extraklasse. Fünf tierische Freunde erleben viele Abenteuer. Eines spannender als das andere. Ein Zeichentrickfilm, wie Sie ihn noch nicht gesehen haben. Bekannte Film- und Fernsehstars haben den Freunden ihre Stimmen geliehen.

A4 Lösungsvorschlag:
Kommen Sie in das Land der Seen und Wälder! In unberührter und ruhiger Umgebung können Sie die Natur genießen. Erleben Sie an lauen Sommerabenden einen romantischen Sonnenuntergang in ursprünglicher Natur. Paddeln Sie mit modernen Kanus über die klaren Seen und wandern Sie durch rauschende Wälder. Das ist Aktiverholung der Extraklasse!

A5 Lösungsvorschlag:
Strahlender Sonnenschein erfreut die 15 000 Besucherinnen und Besucher auf der Rennbahn im Stadtwald. Einige Damen sieht man mit farbenprächtigen und extravaganten Hüten. Während der Rennen, an denen 24 Pferde teilnehmen, zieht es das jüngste Publikum zum Rahmenprogramm hinter die Tribüne. Immer wieder hört man: „Mama, kann ich noch mal auf die Hüpfburg?" Die vier Rennen werden erst auf den letzten Metern entschieden. Unerwartete Sieger bescheren den wettlustigen Pferdefreunden zum Teil sehr hohe Gewinne.

A6 Lösungsvorschlag:
Die Stadt will die Zuschüsse zur Ausbildung und Ausstattung der Schülerlotsen am Stadtwald-Gymnasium streichen. Damit nimmt sie in leichtsinniger Weise die Gefährdung von Schülerinnen und Schülern in Kauf. Ist den Verantwortlichen im Stadtrat die Sicherheit der Schülerinnen und Schüler nichts mehr wert? Eine solche Entscheidung ist verantwortungslos und muss sofort zurückgenommen werden. Ich bin der Meinung, dass sich die Stadt angesichts der gestiegenen Zahl von Verkehrsunfällen auf jeden Fall für die Unterstützung dieses sinnvollen Projekts entscheiden sollte.

5 Konjugation

Ü1 Pit und Katrin gehen in die Stadt. Sie kaufen ein Geburtstagsgeschenk für Oma Helga, die Halsketten mag. Katrin betrachtet die Auslagen einiger Geschäfte und findet alles sehr teuer. Ihr gefällt eine Kette mit bunten Glassteinen. „Das ist doch nichts für Oma!", bemerkt Pit, der Schmuck für überflüssig hält. „Du hast keine Ahnung, was Frauen lieben", wirft Katrin ihm vor.

Ü2 Das Präteritum bezeichnet ein in der Vergangenheit bereits abgeschlossenes Geschehen. Es wird häufig beim Erzählen gebraucht, deshalb nennt man es auch das Erzähltempus.

Ü3 **starke** Verben: fliegen, essen, beißen
schwache Verben: lachen, suchen, sorgen
besondere Verben: nennen, bringen, wenden

Ü4 **1.** wir sind gekommen: 1. Pl. Perfekt
2. du hast gewonnen: 2. Sg. Perfekt
3. ihr seid gewandert: 2. Pl. Perfekt
4. ich habe gelacht: 1. Sg. Perfekt
5. sie hat geschrien: 3. Sg. Perfekt
6. sie sind geklettert: 3. Pl. Perfekt

Ü5 Lösungsvorschlag:
Bild 1: Nachdem man Fußball gespielt hat (Perfekt), muss (Präsens) man die Fußballschuhe putzen.
Bild 2: Wenn die Kinder ausgeschlafen haben (Perfekt), frühstücken sie (Präsens).
Bild 3: Obwohl Herr Meyer mit großen Schritten zur Bushaltestelle gerannt ist (Perfekt), verpasst er den Bus (Präsens).

Ü6 lache – lacht – lachend – gelacht;
tanze – tanzt – tanzend – getanzt;
beiße – beißt – beißend – gebissen.

Ü7 Liebe Mitbürgerinnen und Mitbürger an den Bildschirmen daheim, keiner weiß, was die Zukunft bringt (*oder* bringen wird). Aber ich verspreche Ihnen hier und jetzt, dass alles besser wird (*oder* werden wird). Wir stehen vor großen Herausforderungen, aber ich versichere, dass ich die gestellten Aufgaben zum Wohle des Volkes bewältigen werde. Die Schuldenlast wird verringert und die Arbeitslosenzahlen werden gegen null sinken. Zahlreiche Lehrerinnen und Lehrer werden eingestellt werden. Ich hoffe sehr, dass Sie alle mich bei der Verwirklichung meiner Wahlversprechen unterstützen (*oder* unterstützen werden).

Ü8 Lösungsvorschlag:
Bevor wir endlich hier ankamen, hatte ich zu Hause natürlich erst mal meine Koffer gepackt. Du kannst dir gar nicht vorstellen, an wie viele Kleinigkeiten man da denken muss. Aber zum Glück waren wir noch pünktlich zur Abfahrt des Busses an der Schule. Der Busfahrer, den wir vorher schon kurz kennen gelernt hatten, war wirklich nett und er hat uns wohlbehalten hier abgeliefert. Heute Vormittag gehen wir mit der ganzen Klasse in ein Museum; das wird bestimmt ziemlich langweilig sein, aber heute Nachmittag gibt es ein tolles Fest mit allen Gastfamilien und allen Gästen. In der nächsten Woche werden wir noch einen Abstecher nach London und in den Lake District machen, da werden wir sicher noch viele neue Eindrücke sammeln können. Liebe Grüße ...

Ü9 Konjunktiv I Präsens: Er sagt, er habe Durst.
Konjunktiv I Perfekt: Er sagt, er habe Durst gehabt.
Konjunktiv I Futur: Er sagt, er werde Durst haben.

Ü10 ich frage – du fragest – er/sie/es frage; wir fragen – ihr fraget – sie fragen

Ü11 Indikativ: ich gehe – du gehst – er/sie/es geht – wir gehen, ihr geht, sie gehen; Konjunktiv I: ich gehe – du gehest – er/sie/es gehe – wir gehen – ihr gehet – sie gehen

Ü12 Oma fragt, ob du Marmelade bevorzugest./Oma sagt, der Käse sei von Feinkost Franken./Oma sagt, morgen werde das Wetter schön./Oma sagt, sie wolle nachher ein Partie Canasta spielen./Oma sagt, morgen kämen Müllers zu Besuch.

Ü13 er/sie/es fährt – fahre – fuhr – führe; du bist – du seist – du warst – du wärest; ihr tragt – ihr traget – ihr trugt – ihr truget; ihr lauft – ihr laufet – ihr lieft – ihr liefet; er/sie/es soll – solle – sollte – sollte; wir sprechen – wir sprechen – wir sprachen – wir sprächen; sie werden – sie werden – sie wurden – sie würden; ich steige – ich steige – ich stieg – ich stiege; du hast – du habest – du hattest – du hättest; ich bin – ich sei – ich war – ich wäre; wir haben – wir hätten – wir hatten – wir hätten

Ü14 Der Kunde fragt, ob wir das Auto reparieren könnten (Konjunktiv II als Ersatz für Konjunktiv I).
Der Kunde fragt, ob das Ersatzteil bestellt werden müsse.
Der Kunde fragt, wie lange wir für die Bestellung benötigten (Konjunktiv II als Ersatz für Konjunktiv I).
Der Kunde fragt, ob er einen Ersatzwagen erhalten könne.
Der Kunde fragt, wie teuer die Gesamtreparatur werde.
Der Kunde fragt, ob die Versicherung den Schaden zahle.
Der Kunde fragt, ob wir ihn anriefen (Konjunktiv II als Ersatz für Konjunktiv I).

Ü15 **1.** Die Blume wird gepflückt: Passiv
2. Maria pflückt die Blumen: Aktiv
3. Paul kauft Spaghetti im Bioladen: Aktiv
4. Spaghetti aus dem Bioladen werden gerne gekauft: Passiv
5. Langsam werden die Autos an der Unfallstelle vorbeigeleitet: Passiv
6. Die Polizei sorgt für eine schnelle Umleitung der Autos: Aktiv

Ü16 Pro Halbjahr sind von der Lehrerin drei Klassenarbeiten in der Klasse 7 geplant./Die Wünsche der Schüler werden von ihr berücksichtigt./In manchen Klassen wird von den Schülern gemeinsam eine Lektüre ausgesucht./Einzelne Kapitel werden in Form einer Inhaltsangabe vorgestellt./Die anschließende Klassenarbeit wird von den meisten Schülerinnen und Schülern allerdings nicht geliebt.

Ü17 Die Passivformen werden gebildet aus der konjugierten Form des Hilfsverbs *werden* und dem Partizip II.

Ü18 wir hatten geküsst/wir waren geküsst worden; sie werden gelegt haben/sie werden gelegt worden sein; ich habe gerufen/ich bin gerufen worden; ihr untersucht/ihr werdet untersucht; er/sie/es wird zählen/er/sie/es wird gezählt werden; du hattest besiegt/du warst besiegt worden

Ü19 **Subjekte:** unser Schülersprecher; zwei Vertreter; einzelne Kandidaten; deren Namen; Stimmzettel; der Lieblingskandidat; die Stimmzettel; das Ergebnis; der Sieger

Die Klassensprecher wählen einige Wochen nach Schuljahresbeginn unseren Schülersprecher. Der Rektor ruft zwei Vertreter von jeder Klasse in die Aula. Die Anwesenden schlagen einzelne Kandidaten vor, ein Mitglied der SV schreibt deren Namen an der Tafel. Die Klassensprecher füllen Stimmzettel aus und kreuzen ihren Lieblingskandidaten an. Weitere SV-Mitglieder sammeln die Stimmzettel ein und zählen sie aus. Der Rektor verkündet das Ergebnis, alle beglückwünschen den Sieger.

Ü20 Das Vorgangspassiv beschreibt einen Vorgang oder eine Handlung und wird gebildet mit der konjugierten Form von *werden* und dem Partizip II. Das Zustandspassiv beschreibt einen Zustand oder ein Ergebnis und wird gebildet mit der konjugierten Form von *sein* und dem Partizip II.

Ü21 **1.** Das Buch ist veröffentlicht. **2.** Der Schüler war von ihrem Lob überrascht. **3.** Die Buchausstellung war beendet. **4.** Ich bin überrascht gewesen. **5.** Der Hund ist in den Keller eingesperrt gewesen.

Ü22 Lösungsvorschlag:
Von den Schülern wird ein Spieler als Hintermann gewählt. Er stellt sich auf der gegenüberliegenden Grundlinie auf. (*oder:* Er wird ... aufgestellt.) Wenn Spieler von der gegnerischen Mannschaft abgeworfen werden, müssen sie das Spielfeld verlassen. Durch geschicktes Zuspiel von Feld- und Außenspielern wird die Gegenmannschaft gejagt. Wenn nur noch wenige Spieler auf dem Feld sind, wird der Hintermann eingesetzt. Nach einer festgelegten Zeit werden die Feldspieler gezählt und so der Sieger ermittelt.

Check-up Kapitel 5

A1 **1.** ich bin gelaufen: 1. Sg. Perfekt
2. sie hatte geredet: 3. Sg. Plusquamperfekt
3. wir trinken: 1. Pl. Präsens
4. sie tanzten: 3. Pl. Präteritum
5. du warst verspätet: 2. Sg. Plusquamperfekt
6. ich werde lachen: 1. Sg. Futur I.

A2 **1.** sie rufe **2.** du lebest **3.** ihr träumet **4.** er spiele **5.** er habe gelacht **6.** du seist gegangen.

A3 **1.** Aktiv. Passiv: Die Aussage wird widerrufen werden.
2. Passiv. Aktiv: Die Tatbeteiligten stellen Tatsachen oft verfälscht dar.
3. Aktiv. Passiv: Das Verbrechen wird vom Täter zugegeben werden.
4. Aktiv. Passiv: Auch seine Mitwisser werden belastet werden.
5. Passiv. Aktiv: Der Richter erlässt ihnen die Strafe.
6. Aktiv. Passiv: Die Gerichtsverhandlung wird von ihnen in Erinnerung behalten werden.

A4 freut sich (keine Passivform); besucht (wird besucht); erwarten (wird erwartet); lieben (wird geliebt); reiten (werden geritten); fürchtet (werden gefürchtet), bildet (wird gebildet)

A5 ich ging, bin gegangen, sie sind gegangen, sie haben gekauft, sie sind gekauft worden er rufe, wir rufen, wir rufen, wir werden gerufen, wir werden gerufen worden sein

A6 Das sei klasse, man treffe dort immer Freundinnen. Heute seien Helen und Claire da gewesen. Sie hoffte, sie kämen morgen wieder. Das Schwimmbad sei sehr groß, aber bis vor Kurzem sei der Innenbereich geschlossen gewesen, weil es einen Brand gegeben hätte. Wenn der Bademeister gute Laune habe, lasse er viele Spielelemente ins Wasser. Das Schwimmbad werde auch von Vereinen genutzt, weil es ein 50-Meter-Becken habe.

6 Satzglieder – Gliedsätze

Ü1 **2.** Um dieses gute Stück zu betrachten, / kommen / viele Kunden.
3. Die Kunden / sehen sich / mit Sachverstand / den ungewöhnlichen Wagen an.
4. Am liebsten / würden / die meisten / dieses Auto / sofort / kaufen.
5. Für das historische Fahrzeug / verlangt / der Autohändler / aber / über 25 000 Euro.

Ü2 **1.** Sie (viele Autoexperten) / kommen / dann (jedes Jahr) / dorthin (zum Oldtimer-Rennen auf dem Nürburgring).
2. Auch sie (viele Jugendliche) / finden sich / dort (in der Eifel) / ein.
3. Nachts (in den oftmals recht kalten und regnerischen Eifelnächten) / schlafen / sie / dort (in ihren Zelten und kuschelig warmen Schlafsäcken).

Ü3 **Bild 1:** Der Rennfahrer (Subjekt) steigt (Prädikat) in sein Auto (adverbiale Bestimmung).
Bild 2: Ein Mechaniker (Subjekt) reicht (Prädikat) seinem Kollegen (Dativobjekt) einen Schraubenschlüssel (Akkusativobjekt) an (Prädikat).
Bild 3: Zwei Mechaniker (Subjekt) wechseln (Prädikat) einen Autoreifen (Akkusativobjekt).
Bild 4: Zwei junge Männer (Subjekt) bauen (Prädikat) ein Zelt (Akkusativobjekt) auf (Prädikat).

Ü4 **1.** mit großer Sorgfalt: adverbiale Bestimmung
2. über exzellentes Fachwissen: präpositionales Objekt
3. mit dem Werkzeug: Attribut

4. durch die gute Zusammenarbeit: adverbiale Bestimmung; in weniger als zwei Stunden: adverbiale Bestimmung.

Ü5 **Satz 1:** Vor seiner Urlaubsreise (adverbiale Bestimmung) lässt (Prädikat) Herr Böhm (Subjekt) sein Auto (Akkusativobjekt) überprüfen (Prädikat).
Satz 2: Den Mitarbeitern (Dativobjekt) in der Werkstatt (Attribut) erteilt (Prädikat) er (Subjekt) den Auftrag (Akkusativobjekt), das Reifenprofil (Akkusativobjekt) zu kontrollieren (Prädikat).
Satz 3: Auch das Kühlwasser (Subjekt) und die Scheibenwaschanlage (Subjekt) sollen kontrolliert werden (Prädikat).

Ü6 großen → Automobilausstellung; begeisterten → Publikum; neuer → Geländewagen; Form ← des Wagens; Vergleich ← zum Vorgängermodell; seine → Innenausstattung; Fahreigenschaften ← des Geländewagens

Ü7 modernen und relativ sparsamen → Motor; Platzangebot ← im Innenraum; bei seinem → Vorgängermodell; neue → Wagen; zwei → Tonnen; etwa zehn → Liter Benzin; 100 → Kilometern.

Ü8 1. Ich sehe ein kleines Kind mit einem Eis in der Hand.
2. Ich erkenne ein rotes Auto mit einem platten Hinterreifen.
3. Auf dem Bild ist eine grüne Trainingsjacke mit der Aufschrift SV B 1920 e.V. dargestellt.
4. Die Abbildung zeigt einen Läufer in den Startblöcken/vor dem Startschuss.
5. Der Zeichner hat einen Motorradfahrer auf einer silberfarbenen Maschine dargestellt.

Ü9 **Pronomen:** seine, seinem
Adjektiv: großen, begeisterten, neuer, modernen, relativ sparsamen, neue, kleines, rotes, grüne
Zahlwort: zwei (Tonnen), zehn (Liter), 100 (Kilometer)
Genitivattribut: des Wagens, des Geländewagens
präpositionales Attribut: zum Vorgängermodell, im Innenraum, mit einem Eis in der Hand, mit einem platten Hinterreifen, mit der Aufschrift SV B 1920 e.V., in den Startblöcken, auf einer silberfarbenen Maschine

Ü10 1. Stefan und Dirk, zwei Formel-1-Fans aus Köln, machen sich schon früh am Morgen auf, um rechtzeitig zum Start an der Rennstrecke zu sein.
2. Wenn die Züge, die sie benutzen wollen, keine Verspätung haben, sind sie um 12.30 Uhr am Nürburgring, dem Ort des Geschehens.
3. Aber schon der erste Zug, auf den sie im Kölner Hauptbahnhof warten, hat fast 20 Minuten Verspätung.
4. Jetzt ist es für die beiden fast unmöglich, den Anschlusszug, der um 9.40 Uhr von Bonn aus fährt, zu bekommen.
5. Sie hoffen, dass sie dennoch pünktlich zur Startzeit, Punkt 14.00 Uhr, an der Rennstrecke ankommen.

Ü11 1. Der Streckenposten, der im Dienst ist/der Dienst hat, muss sehr konzentriert sein.
2. Die Aufschrift, die auf dem Auto steht, wirbt für eine Bekleidungsfirma. 3. Am Ende des Rennens wird überprüft, ob das Auto, das dem Sieger gehört, den Regeln entspricht. 4. Der Motorsportler, der gewonnen hat, wird mit einem Pokal und einer großen Flasche Champagner geehrt.

Ü12 **Ort:** in der Tasche
Zeit: seit mehreren Wochen, vorgestern, schon am nächsten Wochenende, bis dahin, in drei Wochen
Grund: wegen seiner guten Form
Bedingung: bei guten äußeren Voraussetzungen
Zweck/Ziel: zur Qualifikation für die deutsche Meisterschaft
Art und Weise: eifrig, zum ersten Mal, konzentriert, zielstrebig, genug, vergebens

Ü13 **Adjektive/Partizipen:** eifrig, konzentriert, zielstrebig; **Adverbien:** vorgestern, genug, vergebens; **Präpositionalgruppen:** in der Tasche, seit mehreren Wochen, schon am nächsten Wochenende, bis dahin, in drei Wochen, wegen seiner guten Form, bei guten äußeren Voraussetzungen, zur Qualifikation für die deutsche Meisterschaft, zum ersten Mal

Ü14 Am kommenden Wochenende findet auf dem Nürburgring der Große Preis von Europa statt. Die Veranstalter hoffen darauf, dass durch den spannenden Verlauf der Meisterschaft mindestens 150000 Besucher zur Rennstrecke gelockt werden. Bereits um 9.30 Uhr beginnt das Rahmenprogramm. Auf einer eigens abgetrennten Teilstrecke startet zunächst ein Gokart-Rennen. Später werden dort noch ein Motorrad-Rennen und eine Geschicklichkeitsfahrt für jedermann angeboten. Die Sieger dieser Wettbewerbe werden das Formel-1-Rennen aus einer Ehrenloge heraus verfolgen können. Auch wird ihnen eine Stunde vor dem Rennen noch eine interessante Führung durch die

Boxengasse angeboten. Am Ende des Renntages werden sie auch an einer Pressekonferenz mit den Siegern des Formel-1-Rennens teilnehmen können.

Ü15 **1.** Weil das Wetter wechselhaft ist, müssen die Mechaniker die Reifen besonders sorgfältig auswählen.
2. Wenn die Sonne scheint und es sehr heiß ist, sind andere Reifen auszuwählen, als wenn es leicht nieselt.
3. Die endgültige Entscheidung wird meist erst getroffen, nachdem man die Wettervorhersage ausgiebig studiert hat.
4. Weil sie so große Erfahrung haben, können die Mechaniker aber viele Entwicklungen schon vorhersehen und rechtzeitig entscheiden.
5. Ein Formel-1-Sieg ist nur zu erreichen errei-chen, wenn das Team hervorragend zusammenarbeitet.

Ü16 **Bevor** man ein Fahrrad repariert, muss man das Werkzeug bereitlegen, **damit** man nicht immer die einzelnen Dinge zusammensuchen muss. **Wenn** man einen Reifen flicken will, dreht man das Rad um und stellt es auf Sattel und Lenkstange. **Nachdem** man die Flügelmuttern gelöst hat, kann man das Rad aus der Gabel heben. **Nach** dem Lösen der Ventilmutter zieht man den Ventileinsatz heraus und lässt die Luft aus dem Reifen. **Durch** den richtigen Einsatz des Reifenhebers gelingt es, den Mantel vorsichtig über den Felgenrand zu stülpen. **Nachdem** man den Schlauch herausgezogen hat, setzt man das Ventil wieder ein und pumpt der Schlauch auf.

Ü17 **1.** indem er viel Elan aufbrachte – viel Elan aufbringend **2.** sodass er sehr zufrieden war – sehr zufrieden seiend **3.** weil er sehr nervös war – Nervosität zeigend **4.** indem er große Geschicklichkeit bewies – große Geschicklichkeit beweisend **5.** sodass die Zuschauer begeistert waren – die Zuschauer begeisternd

Ü18 Romina sagt, da**ss** da**s** Fest, da**s** heute Abend stattfinden sollte, ausfällt. Raffael erklärt, da**ss** er da**s** für ein Gerücht hält und da**ss** er sich am Abend auf den Weg machen werde. „Da**s** kannst du ja gerne tun", ruft Romina ihm zu, „aber behaupte nicht, da**ss** ich dich nicht gewarnt habe!"

Ü19 ... fragt, wohin er gehe. / ... antwortet, dass er zum Eishockeytraining gehe. ... fragt, was sie wohl am Abend machen sollen. / ... sagt, dass sie gerne ins Kino gehen würde. ... fragt, wo der Ball sei. / ... antwortet, dass er in den Busch geflogen sei.

Ü20 **1.** Wichtig bei einem Marathonlauf ist, dass der Sportler eine gute Kondition hat.
2. Auch dass er sich die Kraft gut einteilt, ist von großer Bedeutung.
3. Wichtig ist auch, dass er mit ausreichend Wasser versorgt wird.
4. Dabei ist vor allem darauf zu achten, dass die Mineralienverluste ausgeglichen werden.
5. Natürlich kommt es auch darauf an, dass er sich gesund ernährt.
6. Und schließlich geht es auch darum, dass er einen eisernen Willen hat.

Ü21 **1.** Subjektsatz **2.** Subjektsatz **3.** Subjektsatz **4.** Objektsatz **5.** Objektsatz **6.** Objektsatz

Ü22 (1) Jeden Abend um kurz vor acht zeigt uns der Wetterbericht im Fernsehen, <u>wie am darauffolgenden Tag das Wetter wird</u>.
(2) Durch Beobachtung und Erhebung physikalischer Daten können die Meteorologen voraussagen, <u>ob es am nächsten Tag schönes oder regnerisches Wetter geben wird</u>.
(3) Natürlich können sie nicht garantieren, <u>dass ihre Voraussagen richtig sind</u>.
(4) <u>Wann die Wetterfronten über Deutschland hinwegziehen</u>, hängt von der Großwetterlage ab.
(5) <u>Aus den Wetterdaten der Satelliten das Wetter exakt vorherzusagen</u>(,) fällt schwer.
(6) Immer wieder kommt es vor, <u>dass unerwartete Entwicklungen die Berechnungen über den Haufen werfen</u>.
(7) <u>Dass man sich sicher auf den Wetterbericht verlassen kann</u>, wünschen sich nicht nur die Leute, die einen Urlaub planen.
(8) Vor allem die Landwirte möchten im Sommer wissen, <u>ob sie am nächsten Tag ihr Land bewässern müssen oder ob es Regen gibt</u>.
(9) Auch kann ihnen der Wetterbericht eine Hilfe sein, wenn sie sich fragen, <u>wann sie mit der Ernte beginnen sollen</u>.
(10) Doch leider wird es nie ganz gelingen, <u>das Wetter richtig vorauszusagen</u>.

Ü23 (1) Objektsatz, indirekter Fragesatz
(2) Objektsatz, indirekter Fragesatz
(3) Objektsatz, dass-Satz
(4) Subjektsatz, indirekter Fragesatz
(5) Subjektsatz, Infinitivsatz
6) Subjektsatz, dass-Satz
(7) Objektsatz, dass-Satz
(8) Objektsatz, indirekter Fragesatz
(9) Objektsatz, indirekter Fragesatz
(10) Subjektsatz, Infinitivsatz

Check-up Kapitel 6

A1 Gestern stand in der Zeitung, dass das Jugendzentrum am Bismarckplatz geschlossen werden soll. Viele Jugendliche, die sich bis jetzt mehrmals in der Woche dort getroffen haben, fragen sich, ob die Schließung noch zu verhindern ist. Sie diskutieren darüber, ob sie eine Demonstration zum Erhalt des Jugendzentrums veranstalten sollen. Ihr Ziel ist es, sich weiterhin im Jugendzentrum treffen zu können. Markus, einer der engagiertesten Jugendlichen, sagte: „Ich werde alles tun, um das Jugendzentrum, das für uns der einzige Treffpunkt in der Stadt ist, zu retten."

A2 **2.** Indem sie sich sportlich betätigen, tun sie auch etwas für ihre Gesundheit. (Modalsatz)
3. Damit sie große Erfolge erlangen, trainieren sie mehrmals pro Woche. (Finalsatz)
4. Weil er grob foul gespielt hatte, bekam ein Spieler die Rote Karte. (Kausalsatz)

A3 **1.** Marie fragt ihren Lehrer, welchen Sinn Klassenarbeiten haben.
2. Dass er die grammatischen Grundbegriffe fleißig geübt hat, hat Paul eine Zwei in der Lateinarbeit eingebracht.
3. Patrick plant, sich auf die nächste Klassenarbeit besser vorzubereiten.

A4 **2.** In einer Untersuchung stellten Forscher nun fest, warum gerade die Jugendzentren auf Ablehnung stoßen. (Objektsatz, indirekter Fragesatz)
3. Dass die Jugendlichen dort nicht unbeobachtet von Erwachsenen ihrem Freizeitvergnügen nachgehen können, ist die Meinung von vielen der Befragten. (Subjektsatz, dass-Satz)
4. Dass es selbst verwaltete Jugendhäuser gibt, war vielen nicht bekannt (Subjektsatz, dass-Satz)
5. Die meisten der befragten Jugendlichen wollten wissen, ob es ein solches Jugendhaus auch in ihrer Nähe gibt. (Objektsatz, indirekter Fragesatz)

A5 **Lösungsvorschlag:**
Ich erwarte von einem guten Buch, dass es mich von der ersten bis zur letzten Seite fesselt. Die Bücher, die ich in den letzten Monaten gelesen habe, waren Krimis. Am besten gefällt es mir, wenn ich dem Kommissar immer einen kleinen Schritt voraus bin. Viele meiner Freunde finden es langweilig, wenn sie den Täter schon früher als die Ermittler kennen. Aber ich genieße es, mich den Polizisten ein bisschen überlegen zu fühlen. Dass das Ende dann nicht so spannend ist, ist für mich nicht so schlimm. Mich interessiert mehr, wie die Verbrecher ihre Tat planen und wie der Kommissar ihnen auf die Schliche kommt. Solche Krimis sind dann auch Bücher, mit deren Hilfe man logisches Denken lernen kann.

Subjektsatz – Objektsatz – Adverbialsatz – Attributsatz

7 Rechtschreibung / Zeichensetzung

Ü1 **Bild 1:** c) Clown
Bild 2: a) Sandwich
Bild 3: b) Jeep

Ü2 Chance, Breakdance, Highlight, T-Shirt, Event, Gangway, Milieu, Bubblegum, Niveau, Service-Point

Ü3 Koordinator, Koordination; Regent, Regierung; Frisör, Frisur; Masseur, Massage; Spekulant, Spekulation; Kontrolleur, Kontrolle

Ü4 Par-la-ment, In-se-rat, Ok-ka-si-on, Gram-ma-tik, Op-ti-mis-mus, Funk-ti-on, Glu-ta-min-säu-re, Ole-an-der, Do-mi-nanz, Ko-or-di-na-ti-on

Ü5 **Redaktion:** Gruppe, die eine Zeitung erstellt; **Konferenz:** Beratung, Sitzung, Besprechung; **Motivation:** Begeisterung, Antriebskraft; **katastrophal:** verhängnisvoll, entsetzlich; **Chefredakteur:** verantwortlicher Leiter einer Redaktion; **motivieren:** Motivation vermitteln; **redigiert**, von *redigieren*: Bearbeiten von Texten vor deren Veröffentlichung

Ü6 Bank – Bänke; Haus – Häuser; Maus – Mäuse; Baum – Bäume; Fass – Fässer

Ü7 Das Mädchen im Sterntalermärchen war ein Waisenkind. Es hatte nichts als einen Laib Brot. Es lief durch einen Hain und traf auf einen alten Mann, der Hein hieß. Dieser hatte eine ganz alte Gitarre bei sich, die nur noch drei Saiten hatte. Am Leib trug er nichts als ein altes Hemd, das auf der linken Seite schon einige Löcher hatte. Er sprach aber das Sterntalermädchen auf eine solch freundliche Weise an, dass dieses Mitleid bekam und ihm den Rest von seinem Brot schenkte.

Ü8 Windrat – Räder → Windrad; Stadtrant – Ränder → Stadtrand; störunksfrei – Störungen → störungsfrei; Betriep – betreiben → Betrieb; lephaft – Leben → lebhaft; Junkunternehmer – jünger → Jungunternehmer; gelopt – loben →

gelob**t**; Autofahrd – Fahr**t**en → Autofahr**t**; bad – bi**tt**en – ba**t**; Bat – ba**d**en → Ba**d**; gehemmd – der gehemm**t**e Schüler → gehemm**t**; Hemt – Hem**d**en → Hem**d**

Ü9 heilig; ängstlich; verständlich; flockig; glücklich; rosig; staubig; gemütlich; anständig; kurvig; sportlich

Ü10 der Endpunkt; entdecken; endlos; die Entfernung; entbehren; die Endsilbe; entscheiden; die Endrunde; der Endspurt

Ü11 **Dividend, Dividenden:** Zähler eines Bruches
Absolvent, Absolventen: jemand, der eine (Schul-)Ausbildung, ein Studium erfolgreich beendet hat
Doktorand, Doktoranden: jemand, der eine Doktorprüfung ablegt
Dezernent, Dezernenten: Leiter eines Amts- bzw. Geschäftsbereichs (Dezernat)
Spekulant, Spekulanten: jemand, der sich, um hohe Gewinne zu erzielen, auf unsichere Geschäfte einlässt.

Ü12 „Hallo, Selma!“, ruft Verena. „Kommst du mit ins Freibad?“ Selma antwortet: „Nein, ich muss heute zu meiner Oma zum Geburtstag.“ „Na ja, vielleicht klappts ja morgen“, erwidert Verena.

Ü13 **Lösungsvorschlag:**
a) Es wird Fisch, Gemüse und Fleisch verkauft.
b) Ein Jugendlicher mit einem Skateboard unter dem Arm, ein Herr mit Aktentasche und eine junge Frau mit einem Einkaufskorb kaufen ein.
c) Hinter den Einkaufsständen stehen ein dicker älterer Mann, eine alte Frau mit Kopftuch und ein junger Mann mit einer roten Mütze.

Ü14 Herr Müller isst am liebsten Fisch**, aber** Herr Bergmann verspeist gern ein Steak.
Anne mag Schwarzwälder Schinken**, aber** Herr Richter bevorzugt den aus Südtirol.
Frau Eberhardt liebt frisches Gemüse**(,) und** auch Frau Arz schwört auf Broccoli und Blumenkohl.
Verena geht am liebsten auf dem Markt einkaufen**, aber** Nele bevorzugt den Supermarkt.
Frau Ising verabscheut Sellerieknollen**, aber** Peter liebt dieses Gemüse als Salat.
Benedikt liebt Spinat**, aber** Judith flieht, wenn es Popeyes Lieblingsspeise gibt.

Ü15 Am vergangenen Samstag wurde bekannt, dass der diesjährige Karnevalsumzug wesentlich länger als die Züge der letzten Jahre sein soll. Er werden viele Zuschauer erwartet, die zum Teil auch aus den angrenzenden Städten anreisen werden. Ob das Wetter mitspielt, ist für die Veranstalter die große Frage. Dass es wie aus vollen Kannen gießt, ist aber nach Auskunft der Meteorologen nicht ganz unwahrscheinlich. Die vielen bunt geschmückten Wagen, die in monatelanger Arbeit von den einzelnen Gruppen hergestellt worden sind, und die Fußgruppen stellen sich um 13.00 Uhr am Hauptbahnhof auf. Peter Meyer, der Vorsitzende des KZV, glaubt fest daran, den Zug wie gewohnt stimmungsvoll und ohne größere Probleme über die Bühne zu bringen. Er betonte: „Alles ist bestens vorbereitet(,) und auch wenn es regnet, werden wir uns die Stimmung nicht verderben lassen! Alle Karnevalsfreundinnen und -freunde sind herzlich eingeladen(,) an unserem Zug teilzunehmen.“

Ü16 **1.** Er trainiert schon lange für seinen Wunsch, den deutschen Rekord zu unterbieten. Er trainiert schon lange, denn er wünscht sich(,) den deutschen Rekord zu unterbieten.
2. Für seinen Plan, sich für die Europameisterschaft zu qualifizieren, hat er vieles vernachlässigt. Er hat vieles vernachlässigt, weil er plant(,) sich für die Europameisterschaft zu qualifizieren.
3. Von seinem Trainer und seinen Freunden gut unterstützt, so konnte er seine Leistungen in den letzten Monaten stetig verbessern. Von seinem Trainer und seinen Freunden gut unterstützt(,) konnte er seine Leistungen in den letzten Monaten stetig verbessern.
4. Durch Tausende beigeisterte Zuschauer angespornt, so schaffte Lars im Wettkampf dann wirklich den deutschen Rekord. Durch Tausende begeisterte Zuschauer angespornt(,) schaffte Lars im Wettkampf dann wirklich den deutschen Rekord.

Ü17 Die Witterungsbedingungen am Samstag, dem ersten Tag ihrer Expedition, waren alles andere als optimal. Patrick und Rainer beauftragten Hugo, ihren einheimischen Begleiter, sich(,) für den Fall, dass es ein Unwetter geben würde, bei den Bewohnern nach Unterschlupfmöglichkeiten auf der Bergtour zu erkundigen. Hugo erzählte ihnen von der Oak-Cave, einer uralten Höhle, in der schon so mancher Abenteurer eine Nacht verbracht hatte. Allerdings, so fügte er hinzu, sollten sie auf jeden Fall auf ihren Proviant achtgeben, denn es gäbe dort viele Tiere, vor allem Marder, die auch die Mahlzeiten der Menschen nicht verachten würden.

Ü18 Fisch, meine Damen und Herren, kaufen Sie frischen Fisch!

Die Matjesfilets, die sehen aber lecker aus, ich hätte gerne zehn Stück.
Guten Tag, mein Herr, was kann ich für Sie tun?
Die Pfirsiche, sind sie frisch und saftig?
Aber sicher, die haben gestern noch in Griechenland am Baum gehangen.
Heute im Angebot, frische Grillwürstchen, herzhaft würzig im Geschmack!
Grillwürstchen, ja, die hatten wir schon lange nicht mehr, ich nehme acht Stück.

Ü19 **1.** Kartoffeln, Eier, Öl, Essig, Salz und Pfeffer, die Zutaten für einen Kartoffelsalat, kann man im Supermarkt kaufen. **2.** Jennifer, ein großer Fan von Britney Spears und Robbie Williams, hat ihr Zimmer mit den Postern der Superstars tapeziert. **3.** Viele Sportbegeisterte schauen zu, wenn im Fernsehen ihre Lieblingssportarten, Fußball und Tennis, übertragen werden.

Ü20 **1.** Patricia rechnet damit, zum Geburtstag einen CD-Player zu bekommen.
2. Die Party nur mit ihren Freundinnen feiern zu können, ist ihr großer Traum.
3. Sie hofft, auch von ihren Eltern nicht allzu sehr gestört zu werden.
4. Denn sie hat auch einige Jungen eingeladen, und allzu neugierige Eltern würden da doch nur hinderlich sein.
5. Vor lauter Vorfreude ganz aufgeregt, so erwartet sie ihre Gäste.

Check-up Kapitel 7

A1 **1.** trainiert **2.** faires **3.** Faible **4.** Airport **5.** Trainer, Fairness

A2 Philosoph; Ingenieur, schwer; Praktikant; Kandidat

A3 Aufbereitung und Wiederverwertung: Recycling; Auf Wiedersehen (engl.): bye-bye; Überbrückung eines kranken Blutgefäßes: Bypass; ein Schwimmstil (Delfin): Butterfly; Kenner interner Verhältnisse: Insider; Rohrleitung (für Erdöl): Pipeline; künstlerische Formgebung eines Gebrauchsgegenstandes: Design; Höhepunkt, Glanznummer: Highlight; zeitliche Abstimmung von Abläufen: Timing.

A4 **1.** Oberstdorf ist ein toller Urlaubsort, weil man dort sowohl im Sommer als auch im Winter abwechslungsreiche Ferien verbringen kann. (HS, Konj.-Satz) **2.** Ein besonderer Knüller ist das Jugendgästehaus „Spielmannsau", zu dem man von der Ortsmitte einen Wanderweg von etwa 35 Minuten zurücklegen muss. (HS, Relativsatz) **3.** Kinder und Jugendliche können die Natur erkunden, es gibt eine Fülle von Sportmöglichkeiten und niemand beschwert sich, wenn es einmal ein bisschen lauter wird. (HS, HS; HS, Konj.-Satz) **4.** Weil die „Spielmannsau" ein Selbstverpflegerhaus ist, kommt es auch darauf an, dass man ein gutes Küchenteam dabeihat und dass alle beim Kochen, beim Tischdecken und beim Abspülen helfen. (Konj.-Satz, HS; HS, Konj.-Satz; Aufzählung)

A5 Gestern stand in der Zeitung, dass die Mannschaft des 1. FC schon wieder verloren hat. Viele Fans, die bis jetzt noch jede Woche zu den Meisterschaftsspielen gegangen sind, fragen sich, ob der Abstieg der Mannschaft noch zu verhindern ist. Sie diskutieren darüber, ob ein Trainerwechsel in dieser Situation sinnvoll ist. Ihre große Hoffnung ist, dass das Team auch in der kommenden Spielzeit in der Verbandsliga spielt. Martin, einer der leistungsstärksten Spieler, sagte: „Ich werde alles tun, um das Trainergespann, das wirklich gute Arbeit leistet, zu unterstützen. Wenn wir wirklich absteigen, dann wird die Mannschaft sicher auseinanderbrechen."

A6 **1.** Bei der wörtlichen Rede steht die wörtliche Aussage immer in Anführungszeichen. **2.** Der vorangestellte Redebegleitsatz wird mit einem Doppelpunkt von der wörtlichen Aussage getrennt. **3.** Der eingeschobene bzw. nachgestellte Redebegleitsatz wird mit einem Komma von der wörtlichen Aussage getrennt. **4.** Wörter und Wortgruppen, die aufgezählt werden und nicht durch eine anreihende Konjunktion verbunden sind, werden mit Komma voneinander abgetrennt. **5.** Hauptsätze, die in Satzreihen verbunden sind und nicht durch eine anreihende Konjunktion verbunden sind, werden mit Komma voneinander abgetrennt. **6.** Haupt- und Nebensätze, die in Satzgefügen miteinander verbunden sind, werden mit Komma voneinander abgetrennt. **7.** Infinitiv- und Partizipalgruppen müssen mit Komma vom übergeordneten Satz abgetrennt werden, wenn sie durch ein hinweisendes Wort angekündigt oder durch ein folgendes Wort wieder aufgegriffen werden. **8.** Zusätzliche Erläuterungen, die als Einschübe oder Nachträge in einen Satz eingefügt werden, werden mit Komma vom übergeordneten Satz abgetrennt. **9.** Anreden und Ausrufe werden mit Komma vom übergeordneten Satz abgetrennt. **10.** Bei Satzreihen, die durch „und" verbunden sind, und bei manchen Infinitiv- und Partizipialkonstruktionen kann man ein Komma setzen, um den Satz übersichtlicher bzw. eindeutiger zu gliedern.

Das 3-fach-Prinzip für bessere Noten

Die Lernhilfenreihe „Einfach klasse in“ für die 5. bis 10. Klasse überzeugt durch ihren besonderen Aufbau:

- Übersichtlich strukturiert in die drei Lernbausteine **Wissen – Üben – Testen**
- Alle wichtigen Lernbereiche einer Klassenstufe in einem Band zusammengefasst
- Mit persönlichem Klassenarbeitsplaner
- Nach den neuesten Bildungsplänen der Bundesländer entwickelt

DEUTSCH

Einfach klasse in
Deutsch 5. Klasse
ISBN 978-3-411-72151-1

Einfach klasse in
Deutsch 6. Klasse
ISBN 978-3-411-72161-0

Einfach klasse in
Deutsch 7. Klasse
ISBN 978-3-411-72251-8

Einfach klasse in
Deutsch 8. Klasse
ISBN 978-3-411-72261-7

Einfach klasse in
Deutsch 9. Klasse
ISBN 978-3-411-72411-6

Einfach klasse in
Deutsch 10. Klasse
ISBN 978-3-411-72421-5

ENGLISCH

Einfach klasse in
Englisch 5. Klasse
ISBN 978-3-411-72131-3

Einfach klasse in
Englisch 6. Klasse
ISBN 978-3-411-72141-2

Einfach klasse in
Englisch 7. Klasse
ISBN 978-3-411-72271-6

Einfach klasse in
Englisch 8. Klasse
ISBN 978-3-411-72281-5

Einfach klasse in
Englisch 9. Klasse
ISBN 978-3-411-72591-5

Einfach klasse in
Englisch 10. Klasse
ISBN 978-3-411-72601-1

MATHEMATIK

Einfach klasse in
Mathematik 5. Klasse
ISBN 978-3-411-72171-9

Einfach klasse in
Mathematik 6. Klasse
ISBN 978-3-411-72181-8

Einfach klasse in
Mathematik 7. Klasse
ISBN 978-3-411-72431-4

Einfach klasse in
Mathematik 8. Klasse
ISBN 978-3-411-72441-3

Einfach klasse in
Mathematik 9. Klasse
ISBN 978-3-411-72571-7

Einfach klasse in
Mathematik 10. Klasse
ISBN 978-3-411-72581-6

FRANZÖSISCH

Einfach klasse in
Französisch 1. Lernjahr
ISBN 978-3-411-72741-4

Einfach klasse in
Französisch 2. Lernjahr
ISBN 978-3-411-72751-3

Einfach klasse in
Französisch 3./4. Lernjahr
ISBN 978-3-411-72821-3

LATEIN

Einfach klasse in
Latein 1. Lernjahr
ISBN 978-3-411-72721-6

Einfach klasse in
Latein 2. Lernjahr
ISBN 978-3-411-72731-5

Einfach klasse in
Latein 3./4. Lernjahr
ISBN 978-3-411-72811-4

Jeder Band:
128 Seiten. Kartoniert, mit Umschlagklappen

Wie gefällt dir dieses Buch? Sag uns deine Meinung unter: **www.schuelerlexikon.de/meinung**

Stichwortfinder